D1662557

Ein Philosoph trifft ein Kind

Magdalena
Willems-
-Pisarek

Ursus Verlag

Inhaltsverzeichnis

Die Erzählungen

Die Artikel

Lesen Sie bitte unbedingt das Vorwort ...

Vorsicht! Sie halten eine Einladung zum Spielen in der Hand, und nicht ein wissenschaftliches Buch. Das kleine Ding ist bissig anstatt gebändigt, eigenwillig statt objektiv und hoffentlich witzig statt seriös. Das gilt nicht nur für die Märchen, auch von den Artikeln sollten Sie sich nicht irreführen lassen.

Mit dieser Lektüre haben Sie sich in das „Haus mit den schiefen Spiegeln" einladen lassen. Ein Philosophierender trifft hier ein Kind, und damit ist keinesfalls ein braves Mädchen gemeint. Es ist eher ein Schelm (von dem ein Stück in jedem von uns steckt), der zu allem seine ungefragte Meinung hat, und der ab und zu auf Irrwege gerät oder aber einen „nackten König" sieht.

Es ist also eine Einladung zu einem Spiel, in dem man das sonst Unerlaubte tun darf: fantasieren, spekulieren, am Rost eherner Monumente zu kratzen, zu unterstellen oder schwarz zu malen. All' das geschieht hier, und manchmal wird man auf den falschen Weg geleitet. Die Wegweiser drehen sich um und um, und nicht jedem Kaninchen sollte man demnach blindlings folgen.

Das Büchlein ist ein Aperitif: Wenn man davon trinkt, kann man vielleicht etwas wachsen, zugleich riskiert man jedoch auch zu schrumpfen. (Der Rechtsweg bei möglichen Schädigungen ist hiermit ausgeschlossen!)

Eines ist jedoch gewollt: Den Appetit anzuregen auf alle jene Bücher, die schon längst geschrieben worden sind, auf das große Zauberland der Philosophie, in dem sich jeder von dessen Reichtümern das nehmen kann, was er braucht.

... und bitte lesen Sie jetzt weiter!

L etlane lebte in einem kleinen Bergdorf. Das Dorf war sehr klein, so klein wie Oberjoch vor 100 Jahren. Aber Letlane lebte nicht in Oberjoch, sondern in Pristrieni, und diesen Ort findest du auf keiner Karte. Nicht nur, weil er so klein ist, sondern weil diese Geschichte schon vor sehr langer Zeit spielt. Vor so langer Zeit, dass man es gar nicht mehr genau weiß.

Sie war 12 Jahre alt und hatte Pristrieni nie verlassen. Für Letlane war es das Zentrum der Welt, ohne Zeit und Raum. Sie half bei der Arbeit, die auf einem Hof in den Bergen nie ein Ende findet. Sogar für kleine Mädchen gibt es da immer genug zu tun. Sie melkte die Ziegen, spann Schafwolle, webte und bestickte Kopftücher, was sie am liebsten machte.

Alle Mädchen in den Orten rund um Pristrieni wollten so sticken können wie Letlane. Das war aber nicht so einfach. Letlane war fleißig, geduldig und sehr genau. Zwar waren das auch viele andere Mädchen, Letlane hatte jedoch etwas, was die anderen nicht hatten, nämlich einmalige Ideen. Sie stickte nicht irgendwelche ganz gewöhnlichen Blümchen oder Muster, nein, sie stickte ganze Geschichten. Die Blumen, die sie stickte, blühten auf den Tüchern beinahe wie in der Natur und man hatte fast das Gefühl, dass sich die Menschen und Tiere bewegen würden. Alles, was sie stickte, war nicht nur wunderschön, sondern je nach dem auch spannend oder romantisch und berührte die Herzen aller Menschen. Trotz der beschwerlichen Reise nach Pristrieni kamen die Menschen von weit her, nur um sich auf dem Markt die Kopftücher anzusehen, die Letlane bestickt hatte.

Letlane zog sich dann immer zurück, denn die Fremden durften nur mit dem Vater sprechen. Sie hatte

7

noch nie Pristrieni verlassen und wollte sich daher auch nicht mit den Fremden unterhalten. Woher kannte sie dann alle die Geschichten, die sie auf die Tücher stickte? Sie war doch nur ein kleines Mädchen aus einem Bergdorf. Niemand, nicht einmal ihre Eltern, kamen hinter dieses Geheimnis. War sie doch nie – wie die anderen Kinder es immer taten – hinter den Bettlern her gerannt, die Legenden und Sagen erzählten. Denn sie war scheu und zurückgezogen. Letlane konnte im Winter den ganzen Abend auf der Ofenbank sitzen, die Katze streicheln und nachdenken. Aber niemand erfuhr ihre Gedanken.

Sehr viele Männer bewarben sich um Letlane. In jener Zeit war es nicht unüblich, dass Mädchen so früh heirateten. Sie bekamen bald Kinder und oft mussten sie die ganze Arbeit auf dem Hof übernehmen. So ein Mädchen wie Letlane zur Frau zu bekommen, wünschte sich jeder Mann. Ihre Eltern wollten sie jedoch noch nicht so früh gehen lassen, sie sollte doch noch ein wenig die Jahre ihrer Jugend zu Hause genießen und außerdem war sie den Eltern als ältestes Mädchen bei der Arbeit unentbehrlich.

Besonders passte sie auf ihren kleinen Bruder auf, der immer nur zu Letlane wollte. Er begleitete sie bei der Arbeit und sie sprach und spielte liebevoll mit ihm. Sogar neue Spiele dachte sie sich für ihn aus. Zum Beispiel stellte sie ihn bei jedem Vollmond in den Hauseingang und malte mit einem Rötelsteinchen, das sie gefunden hatte, über seinem Scheitel einen roten Strich an die Haustür. Am Anfang waren alle, die das sahen, befremdet und dachten an Zauberei. Aber nach ein paar Monaten erkannten sie, wie schnell der kleine Bruder gewachsen war, und dachten, dass das kleine Ritual vielleicht geholfen hätte, dass er schneller wuchs, und bald wurden alle Dorfkinder auf diese Weise gemessen.

Den Rötel hatte Letlane auf einem ihrer langen Spaziergänge gefunden. Wie alle Kinder aus dem Dorf musste sie die Ziegen hüten, nur wusste man bei Letlane nie, wer eigentlich wen hüten musste, denn in dieser Gegend, die den Bauern seit Generationen bekannt war, entdeckte Letlane ständig etwas Neues. Den kleinen Rötelklumpen hatte sie in einer versteckten Höhle gefunden. Der Eingang zu der Höhle war so eng, dass nur solch ein schmales Mädchen wie Letlane dort hineinschlüpfen konnte. Davon erzählte sie ihrem Bruder so spannende Geschichten, dass dem der Mund schier offen stand.

Eines Tages brachte Letlane einen ganz seltsamen Stein mit nach Hause. Steine gab es in der Gegend genug und - ehrlich gesagt - gab es in Pristrieni viel zu viele Steine und dagegen viel zu wenig Äcker oder Wiesen. Und daher blieb die Armut genauso im Dorf wie die meisten der Einwohner.
Nun, dieser Stein war ganz eigenartig. Er sah aus, als sei er in gewaltiger Hitze geschmolzen und dann in ungewöhnlicher Form wieder erstarrt: fast so wie flüssiges Bienenwachs, das man zum Wahrsagen auf kaltes Wasser gießt. Und doch wiederum ganz anders. Letlanes Mutter musste den Stein immer wieder ansehen und so begann sie, auch Letlane besonders aufmerksam zu beobachten. So passte sie gut auf, dass Letlane nicht zu der Greisin Czarnobyli ging, die am Rande des Dorfes lebte und der man manche Zauberei nachsagte. Denn sie wollte verhindern, dass Letlane mit dunklen und mystischen Dingen in Berührung kam. Letlane wollte jedoch von der alten Czarnobyli gar nichts wissen und ging ihren Weg immer direkt in die Berge. Mehr und mehr versank sie in Gedanken und man konnte spüren, dass Letlane über irgendetwas sehr intensiv nachgrübelte.

Dank ihrer heimlichen Nachforschungen hatte Letlanes Mutter herausbekommen, dass das Mädchen ein paar Mal in die Dorfschmiede gegangen war. Was hatte solch ein junges Mädchen in der Dorfschmiede zu suchen? Und was gab es mit dem hinkenden und schwarzhäutigen Schmied für gemeinsame Dinge zu besprechen? Und so fragte die Mutter Letlane am Abend, was sie dort, in der Schmiede, zu suchen habe. Und so antwortete Letlane:

„Mama, der Schmied ist zwar schmutzig und etwas barsch, aber wenn man ihn besser kennt, ist er ganz nett. Ich wollte unbedingt wissen, welche Arbeit er da in der Schmiede macht. Das harte Metall, aus dem die Schwerter unserer Männer gemacht sind, fließt in seinem Ofen wie die Suppe in deinem Kochtopf, Mama. So kann er das harte Metall fast so formen wie wir den Teig für das Brot.
Also ist das Wissen des Schmieds stärker als die Kraft des mit dem Schwert kämpfenden Mannes. Es ist auch stärker wie die von Frau zu Frau weitergegebene Kunst des Brotbackens, die du mich gelehrt hast. Das ist doch faszinierend, Mama."

Die Mutter hörte Letlane gut zu. Sie schaute in die hellen, vor Begeisterung leuchtenden Augen ihrer Tochter und konnte darin keine Spur einer Sünde oder Grund zu einem Verdacht finden. Sie machte sich trotzdem große Sorgen und am Abend fragte sie den Vater, ob es nicht doch besser sei, Letlane schon jetzt zu verheiraten. Und sie erzählte dem Vater vom Gespräch mit ihrer Tochter. Doch der Vater liebte die kleine Letlane sehr. Ihre Neugier erinnerte ihn an die eigenen unruhigen, jungen Jahre. Da er nicht wollte, dass Letlane das Elternhaus verließ, sagte er:

„Was willst du, Frau? Andere in diesem Alter laufen den Jungen hinterher und bereiten ihren Eltern nur Ärger und Kummer. Sie aber ist so bescheiden und gehorsam. Sie langweilt sich nur und sucht sich daher solche Spielereien aus. Ein wenig eigenartig ist das wohl, aber das gibt sich mit dem Älterwerden. Und mit dem Schmied spreche ich selber."

Die Mutter ging an ihre Arbeit, nachgebend und dennoch nicht ganz beruhigt. Sie liebte ihre Tochter ebenso sehr und wollte sich auch noch nicht von ihr trennen. So willigte sie in den Vorschlag des Vaters ein. Am nächsten Abend kam Letlane wieder zur Mutter und sagte:

„Mama, erinnerst du dich, als wir über das Metall und die Schmiede gesprochen haben?"
„Ja, Tochter", sagte die Mutter.
„Ich habe gut darüber nachgedacht", setzte Letlane fort, „schau mal, Mama: Die Hitze in unseren Öfen reicht, um Wachs flüssig zu machen. Die Kraft unserer Hände reicht, um aus Teig Brot zu formen. Das Feuer in der Schmiede reicht, um Metall flüssig zu machen, und dem Schmied reicht ein Hammer, um daraus ein Schwert zu schmieden. Der Stein, den ich gefunden habe, sieht aus wie aus Geschmolzenem geformt. Es muss jedoch ein gewaltiges Feuer sein, um das Härteste, was es in unserem Leben gibt – nämlich die Felsen – zum Schmelzen zu bringen. Und was das Heißeste in unserer Welt ist, das weiß sogar mein kleiner Bruder, das ist die Sonne! Und da dachte ich mir, dass auf der Sonne ein riesiges Feuer sein muss. Und darin ist mein Stein gewesen. Und wie beim Backen oder Schmieden etwas zur Seite fällt, so ist auch mein Stein von der Sonne gefallen und auf die Erde gestürzt.
Dann aber stellte ich mir die Frage: Wer ist für die Sonne die Köchin oder der Schmied?"

Da schrie die Mutter Hände ringend:

„Oh, meine arme Tochter, wie sprichst du denn. Jemand muss auf dich einen Zauber geworfen haben. Wer es auch sei, der sei für immer verflucht. Mögen die Knochen dieses Bösen weich werden und sein Blut zu Wasser, wenn er meine Tochter schädigen will. Asche auf mein Haupt, dass ich nicht besser auf dich aufgepasst habe. Möge der böse Blick mich und nicht dich treffen. Gehe sofort ins Haus und bleibe dort."

Die erschrockene Letlane tat, was die Mutter befahl. Seit diesem Tag blieb sie daheim. Die Eltern machten bekannt, dass sie für ihre Tochter bald einen Mann finden wollten. Gleich nach der Ernte begannen die Vorbereitungen für Letlanes Hochzeit mit dem erhofften Kandidaten, dem einzigen Müller im Dorf. In den folgenden Monaten gab es so viel Arbeit, dass nur Letlane bemerkte, wie der Vater den Stein nahm und in die Berge ging, um ihn in die allertiefste Schlucht zu werfen, so dass er niemanden mehr verzaubern konnte. Letlane wurde die Müllersfrau. Sie war alle Zeit eine gute Frau, bekam sieben Kinder und half ihrem Mann in der Mühle.

Auf die Entdeckung von Meteoriten jedoch musste man noch Tausende von Jahren warten. Und die große Frage, wer der Schmied für die Sonne ist, die ist bis heute noch nicht beantwortet. Meinst du, dass es möglich ist, dass du, der du dieses Märchen liest oder ihm zuhört, es sein wird, der auf diese Frage eine Antwort findet?

„Weite"

Ein schriller Pfiff weckte Georgias, der auf dem Rücken seines Esels friedlich vor sich hindöste. Viel schlimmer, als aus seiner Ruhe gerissen zu werden, war jedoch, dass sein geduldiger Esel, der sich bisher eher starrköpfig als scheu erwiesen hatte, mit ihm durchging. Der Esel scheute, schlug hinten aus wie ein Rassepferd, warf Georgias ab und galoppierte durch die Wiese auf und davon.

„Warte, halt! Haaaalt!", schrie Georgias.
Vergeblich! Nur eine Staubwolke war noch zu sehen. Der Esel verschwand in der Ferne. Und das bereits nach drei Tagen auf der Reise nach Athen! Warum nur war er nicht mit dem Schiff nach Piräus gefahren! Und der Grund dafür? Ein sinnloser Streit mit dem Kapitän des Schiffs um das Fährgeld und sein jugendlicher Stolz! Und nun war der Esel mit seinem gesamten Gepäck und den Vorräten für die nächsten Tage der Reise verschwunden. In dieser unwirtlichen Gegend würde er ihn nie wieder finden. Na schön! So viel war ihm der Esel dann auch nicht wert. Das dumme Tier würde er nicht vermissen. Wenigstens hatte er seinen Geldvorrat im Quersack am Gürtel stecken. Und den, hoffte er, in Athen wieder ordentlich aufzufüllen.

Es blieb ihm nichts anderes übrig, als zu Fuß zu gehen. Oder doch nicht? Da – an der Kreuzung seines Weges mit einem kleinen Pfad stand ein Bauer mit einem Esel. Als wollten die Götter Georgias die Reise nach Athen erleichtern. Doch an den Göttern zweifelte Georgias schon lange. Und gar an deren Wohlwollen und Hilfe glaubte er schon erst recht nicht mehr.

Er ging also langsam auf die beiden zu und dachte, wie angenehm es wohl wäre, die Reise auf dem Rücken des Tieres fortsetzen zu können. Schon der zurückliegende kurze Marsch bergab hatte ihn überzeugt, den Esel des Bauern zu mieten, auch wenn er dazu den Bauern mitnehmen und als Viehtreiber bezahlen müsste. Er war zwar noch ein junger Mann, aber die lange Reise von Sizilien bis hierher hatte doch an seinen Kräften gezehrt. Bald saß er auf dem Rücken des Tieres und so zogen sie mühsam weiter in Richtung Athen. Neben dem Esel schlurfte der Bauer. Man muss schon eingestehen, dass der Alte gut verhandeln konnte. Georgias wäre nie bereit gewesen, so viel zu zahlen, wenn ihn nicht die Not getrieben hätte. Georgias ritt weiter und überlegte dabei, woher wohl dieser schrille Pfiff gekommen sei. Allmählich wuchs in seinem Herzen ein ganz bestimmter böser Verdacht! Aber ihm blieb nicht viel Zeit, weiter darüber nachzudenken: Sie hatten kaum 500 Schritte getan, als der Esel stehen blieb.

„Hü", sagte Georgias.

Der Esel rührte sich nicht vom Fleck.

„Hü", sagte der alte Bauer.

Der Esel schenkte den beiden nicht die geringste Aufmerksamkeit. Er bewegte sich keinen Zoll weiter.

„Du bist sein Herr", sagte Georgias zu dem Bauern, „sag' ihm, dass er weitergehen soll!"

„Nun aber, hü!", sagte der alte Bauer.

Der Esel machte keine Anstalten, sich zu rühren.

„Na los! Hüh! Vorwärts! Schnell!", schrie Georgias.

Kein Erfolg.

„Los, tu was", sagte Georgias zu dem Bauern, „das ist dein Esel."

„Wartet ab, mein gnädiger Herr. Irgendwann geht er schon voran. Das gab es schon des Öfteren", antwortete der Bauer phlegmatisch.

„Ich bezahle dich aber pro Stunde", klagte Georgias.

Der Alte schaute nur melancholisch in die Sonne, die immer noch hoch am Himmel stand.

„Mein liebes Eselchen, geh' bitte weiter", schmeichelte Georgias so süß, wie er nur konnte.

„Ich gebe dir auch Salz und guten Hafer."
Der Esel zeigte sich unbestechlich.

„Du böses Tier, beweg' dein knochiges …", hier verschluckte Georgias den Rest des Satzes. Er wollte das letzte Restchen Respekt des Bauern nicht verlieren. Und unter uns gesagt, auch nicht vor sich selbst. Allerdings wurde ihm inzwischen einiges klar.
Der Esel blieb weiter stehen und der Bauer beobachtete die Szene mit heimlichem Vergnügen.

„Was hast du mir vermietet, mein Lieber, einen Packesel oder ein Standbild? Mach', dass er weitergeht!"

„Man könnte ihn schlagen", sagte der Bauer nach einiger Überlegung.

„Und hilft das? Scheut er dann nicht und läuft weg?", wollte Georgias sicherheitshalber wissen.

„Ne, scheu ist er nicht", meinte der Bauer.

„Mensch, dann schlag' ihn", stöhnte Georgias auf.

„Das kann ich nicht, er tut mir Leid. Ich habe diesen Esel von meinem Vater geerbt, wir sind gemeinsam groß geworden … Ich warte lieber ab."
Georgias dachte, er könne seinen Ohren nicht trauen.

„Dann gib mir um der Götter Willen den Stock. Ich schlage ihn selber."

„Nein, nein", sagte der Bauer entsetzt, „das ist mein Esel – du wirst mir meinen Esel nicht verprügeln."

„Ich kann es nicht glauben!", schrie Georgias, „du willst ihn nicht schlagen, weil es dein Esel ist, und ich darf ihn nicht schlagen, weil es dein Esel ist. Das ist doch paradox! So stehen wir hier noch bis morgen früh und reden. Wie denkst du dir das? Willst du hier mit mir in der Wildnis übernachten?"

„Das ist ein schwieriges Problem", stimmte ihm der Bauer gnädig zu. „Aber wenn ich richtig überlege, sehe ich eine Lösung."

„???"

„Sie könnten mir den Esel abkaufen, dann wäre es nicht mehr mein Esel. Und dann könnten Sie ihn schlagen. Es fällt mir zwar schwer, mich von ihm zu trennen, aber weil Sie mir sehr sympathisch sind, könnte ich Ihnen vielleicht den Gefallen tun. Aber vergessen Sie nicht, das ist ein ganz besonderer, wenn nicht gar wertvoller Esel. Er ist nicht billig.“

Georgias fluchte in Gedanken, zählte bis 10 und sagte resigniert:

„Wieviel?“

Der Bauer nannte seinen Preis. Glauben Sie mir oder nicht – für diesen Preis konnte man damals ein Vollblut kaufen. Und glauben Sie mir oder nicht – Georgias stimmte zu. Er wand aber ein:

„Ich zahle erst, wenn wir in Athen sind!“

„Na ja, dann dürfen Sie ihn aber auch erst in Athen schlagen“, sagte der alte Bauer.

Das Gold fiel weich in die schwielige Hand des alten Bauern. Georgias zahlte sogar noch ein wenig für den Stock. Und als er diesen in der Hand hatte, prügelte er den Esel von ganzem Herzen. Der Esel biss ihn ebenso herzlich in das rechte Bein.

„Aua!“, schrie Georgias, „aua, du Monster!“

Er zog das Bein weg und hob die Hand zu einem kräftigen Hieb. Der Esel biss ihn in das linke Bein. Georgias konnte sein Gleichgewicht nicht mehr halten und fiel schwer auf den steinigen Boden.

Der Esel blieb stehen.

Der Alte half Georgias auf das Tier. Der staubte sich, was nicht so ganz einfach war, mit geballten Fäusten ab.

„Er mag nicht, wenn ihn Fremde schlagen“, sagte der Bauer.

„Was! Das wusstest du doch von Anfang an, du …“

„Regen Sie sich doch nicht gleich so auf, gnädiger Herr“, sagte der Bauer, „bis jetzt war es zwar immer so, aber das bedeutet doch noch lange nicht, dass das in Ihrem Fall ebenso ist. Wer weiß das schon?"

„Das ist aber nicht in Ordnung."

„Was heißt schon ‚in Ordnung', gnädiger Herr", sagte der Bauer, „das ist eine Sache des Standpunkts. Das Huhn, das Sie zu Mittag gegessen haben, hielt das bestimmt auch nicht für richtig. Sie haben Geld, ich habe meinen Esel. Ich habe Sie nicht belogen. Auf dieser Welt muss man für alles bezahlen. Langer Rede Sinn: Lassen Sie es mich wie immer machen."

„Wie?!"

„Ich schiebe ihn!"

„Dann schiebe ihn!"

„Wie bitte?"

„Dann schiebe ihn – bitte."

„Das kostet was. Der Esel ist schwer, ich bin alt und matt. Man schiebt den Esel eines Fremden doch nicht umsonst, oder?"

Und Georgias zahlte. Er zahlte jedes Mal, wenn der Esel stehen blieb. Und der Weg nach Athen war lang. Und der Quersack mit dem Geld wurde leer, so dass er schließlich sogar den Esel beim Bauern versetzen musste. Endlich kam er jedoch auf dem Esel in Athen an.

Am Stadttor grüßten die Wächter den alten Bauer freundlich wie einen alten Bekannten. Obwohl die Zöllner und Wächter meistens sehr grob waren, waren sie überraschend gut gelaunt. Der alte Bauer nahm seinen Esel und kehrte langsam um.

Und durch das Tor von Athen schritt nicht mehr der junge, an sophistischer Philosophie interessierte Mann aus der Provinz. Nach Athen brachte er seine neue, revolutionär umgekrempelte Lehre und wurde ein berühmter Sophist. Und glauben Sie mir oder nicht – die ruinöse Reise nach Athen hat sich für ihn doch noch gelohnt. Und am Ende hielt er sie sogar noch für das beste Geschäft seines Lebens.

Es war einmal eine kleine Stadt. Sie stand in den Bergen, grad wie im Allgäu. Wenn ich eine kleine Stadt sage, so schien es mir wenigstens so. Diese Stadt war in der Tat wirklich nicht besonders groß – na ja, das ist auch schon sehr lange her. Und damals gab es noch nicht so große Städte, wie wir sie heute kennen. Doch für die Leute damals war es eine große Stadt. Aber das spielt für diese Geschichte nur eine kleine Rolle. Ich habe sie Städtchen genannt, weil sich alle in diesem Ort kannten – zumindest wussten sie, wer wer war.

Und besonders gut kannten sich alle in dieser kleinen, staubigen Gasse. Die Häuser dort waren aus Lehm gebaut, die Straße bestand aus Sand. Und von einem Ende der Gasse bis zum anderen hörte man sehr deutlich die keifende Frau von nebenan. Das stolze Zentrum mit den mächtigen Marmorgebäuden war weit entfernt. Hier spielten die Kinder oder zogen Wagen mit Gemüse und Gebäck durch die Gasse. Hier vollzog sich das wahre Leben.

Durch den Staub dieser Straße stolperte jeden Morgen derselbe Mann. Mit ihm war es fast so wie mit der Stadt: Wie man nicht feststellen konnte, ob sie groß oder klein war, ließ sich genauso wenig sagen, ob der Mann alt oder jung war. Zumindest die Kinder auf der Straße wussten es nicht. Er war untersetzt, schmutzig und furchtbar hässlich. Trotzdem brauchte man sich vor ihm nicht zu fürchten. Dass ab und zu, wenn der Alte das Haus verließ, faule Zwiebeln und anderer Unrat hinter ihm her geworfen wurden, wussten sogar die ganz kleinen Kinder. Das war seine Frau, die ihn nicht gerade besonders mochte. Warum sollte sie auch? War es doch bereits die vierte Generation von Kindern, die ihn auf der Straße auslachte. Es war schon fast zur örtlichen Tradition geworden, dass die

Kinder sich vor dem Haus des Mannes versammelten und ihn lachend bis zum Ende der Gasse begleiteten. Weiter durften sie alleine nicht gehen. Dann verschwand der Mann in der vor Hitze wabernden Luft.

Trotzdem blieb genug Zeit, ihn mit kleinen Hänseleien zu ärgern. Er war einfach zu lächerlich. Meist murmelte er sogar vor sich hin. Sogar, wenn er ganz laut redete, sprach er keinen direkt an, er sah den Menschen nicht in die Augen, sondern schaute gen Himmel und hatte überhaupt einen ganz seltsamen Blick. Wie sollte man bei so einem Menschen wissen, worauf er überhaupt achtet? Bestimmt nicht auf die eigenen Füße. Und dabei musste er sich den Weg doch mit all' den Hühnern, Ziegen und geduldigen Eseln teilen, die ihre „Geschäfte" in der Gasse abwickelten. Also, man musste doch aufpassen, wohin man lief, oder?

Er sah nicht, was die Tiere da so alles hinter sich ließen, und bemerkte auch die Tiere selber nicht. Zum Beispiel war es recht unterhaltsam, wenn er eine lange Weile vor einer Ziege stand, die ihn nicht weitergehen lassen wollte. Sie beobachtete ihn ganz genau, er hingegen nahm sie nicht einmal wahr. Der Gesichtsausdruck war bei beiden allerdings sehr ähnlich. Niemand sah, wann der Mann nach Hause zurückkehrte. Mit dem Morgengrauen verschwand er und damit der Spaß über ihn. Niemand wusste oder fragte danach, was der Mann in der Stadt tat. Er gehörte einfach zu einem guten, lustigen Tagesbeginn, und keiner schenkte ihm mehr Zeit oder Aufmerksamkeit, als man für ein herzhaftes Lachen benötigte.

Schon vor einiger Zeit war in das Sträßchen eine Familie mit sieben Kindern gezogen. Der Älteste der Jungen wuchs schnell, und bald war er schon groß genug, um mit den Kindern auf der Straße zu spielen. Der Junge hieß Fehlerles. Ein seltsamer Name! Sogar damals, als alle einen Namen wie Alkibiades, Aristoteles oder Perikles hatten. Sehr oft hatten die Namen der Menschen eine ganz eindeutige, manchmal aber auch versteckte Bedeutung. Der Junge hieß deshalb so seltsam, weil sein Name von dem Wort „Fehler" stammte. Er hatte ihn erhalten, weil er genau an dem Tag auf die Welt gekommen war, als sein Vater beim Würfelspiel das gesamte Vermögen der Familie verspielt hatte. Voller Erbitterung gab er seinem Ältesten dann auch noch diesen Namen. Die Familie verschuldete sich mehr und mehr, und schließlich musste sie aus ihrem schönen Haus mit den weißen Säulen ausziehen. So kamen sie in die krumme Gasse, die bald für Fehlerles die gesamte Welt wurde. Die Eltern vergaßen nie, was geschehen war: Der Name des Sohnes erinnerte sie stets an diesen Tag. Und das waren keine guten Erinnerungen.

Natürlich lachten die Kinder Fehlerles aus. Er war zwar mit ihnen groß geworden, ihnen aber dennoch immer fremd geblieben. Sie spielten immerhin mit ihm, weil er so lustige Ideen hatte, ein kleines „aber" blieb trotzdem. Wo Fehlerles war, war immer etwas los. So band er einem wartenden Esel mit einer Schnur die Beine zusammen und warf Frösche in die Milchkrüge, wenn die Klatschschwestern gerade nicht herschauten. Es gab immer ein Mordsgeschrei, wenn diese erschrocken die Krüge fallen ließen oder der betrunkene Viehtreiber mit seinem Esel weiterziehen wollte. Da hatten sie wirklich etwas zu lachen! Na ja, schließlich begannen die Erwachsenen, den Missetäter zu suchen. Und meistens fanden sie ihn dann auch. Und immer war es Fehlerles. Und immer liefen die anderen Kinder weg, und er wurde bestraft. Von weitem machten sie sich über seinen Namen lustig. Sie lachten aber nur aus sicherem Abstand, da Fehlerles schneller als jeder andere Junge aus der Straße lief und stärker als jeder andere war. Später aber kamen die Kinder doch zu Fehlerles zurück, und der ließ sich wieder einen neuen Streich einfallen.

Natürlich kannte auch Fehlerles den seltsamen Mann. Er schenkte ihm aber keine besondere Aufmerksamkeit. Sich über jemanden lustig zu machen, der von sich aus eine Witzfigur war, machte ihm keinen Spaß. Der Mann war von sich aus schon so lächerlich, dass man nicht noch eins oben drauf setzen konnte.

An diesem Morgen war es so heiß und ruhig in dem Sträßchen, dass sogar Fehlerles seinen Übermut und seine Laune verloren hatte. Es war so langweilig. So trostlos. In dem Moment tauchte der Mann auf. Er schlurfte wie stets vor sich hin, wobei der linke Schoß seines Mantels hinter ihm her durch den Staub schleifte. Auch war seine linke Sandale nicht zugebunden. Fehlerles wäre nicht Fehlerles gewesen, wenn er nicht auf den Schnürsenkel getreten hätte. Der seltsame Mann stolperte und fiel hin, stand aber schnell wieder auf und staubte sich ab – was bei seinem Zustand allerdings nicht viel half. Und er starrte auf Fehlerles, als habe er ihn noch nie zuvor gesehen.

Eigentlich musste er ihn doch jeden Tag gesehen und inzwischen kennen gelernt haben, so wie alle in der kleinen Gasse Fehlerles mittlerweile kannten. Denn jedem hatte er schon hart zugesetzt. Gerade noch letzten Samstag hatte Fehlerles seine Fingerabdrücke auf der frisch gewaschenen Wäsche der Frau des Mannes hinterlassen. Sie hatte ihn erwischt und ihm eine Ohrfeige verpasst. Das musste sie ihm doch erzählt haben? Fehlerles kümmerte das in diesem Moment wenig. Die Frau des seltsamen Mannes war zwar flink, dieser aber alles andere als schnell. Der würde ihn nie erwischen. Fehlerles hielt es daher nicht für nötig, wegzulaufen. So standen sie beide einfach da, und die Kinder umkreisten sie, um zu sehen, was passieren würde.

Doch der Mann dachte nicht daran, Fehlerles zu schlagen oder ihm die Ohren lang zu ziehen. Er tat etwas ganz Seltsames. Überhaupt nicht aufgeregt schaute er Fehlerles aufmerksam an und lächelte. Und lächelnd fragte er:

„Fremder Junge, du hast meine Aufmerksamkeit geweckt. Sag mir, weshalb bist du der wert?"

Fehlerles warf es beinahe um, als er das Wort „Fremder" hörte. Er war doch hier nicht fremd! Das war doch seine kleine Gasse, hier war er doch zu Hause! Er sagte also ganz laut und deutlich, damit ihn der Mann nur ja gut verstehen konnte:

„Ich bin nicht fremd. Ich bin Fehlerles. Das hier ist meine Straße!"

„Tatsächlich?", sagte der seltsame Mann, „ich bin überrascht. Ich habe nie zuvor von dir gehört. Sag' mir, wie kann es deine Straße sein, wenn ich hier schon so lange wohne und noch nie etwas über dich erfahren habe?"

„Das ist meine Straße, weil ich der Stärkste hier bin und niemand sich mir widersetzen mag!"

„Das ist nicht die Wahrheit", sagte der Mann lachend, „der Stärkste in unserer Straße ist der Bulle von der Bauernfamilie nebenan. Du willst mir doch nicht sagen, dass du ihn besiegen kannst, oder?"

„Das stimmt vielleicht", sagte der Junge, „aber ich bin nicht nur stark. Ich bin auch schnell und flink. Und der Bulle ist es nicht! Mein Vater hat mir erzählt, dass es einmal Tänzer gab, die über Bullen gesprungen sind. Das kann ich bestimmt auch. Ich muss das nur ein bisschen üben. Ich springe am besten von allen in der Straße."

„Du irrst dich schon wieder", sagte der Mann, „am besten in dieser Straße springen die Flöhe. Du hast bestimmt selber ein paar. Sie können 500-mal höher springen, als sie groß sind. Das kannst du bestimmt nicht."

Fehlerles regte sich schrecklich auf. So ein Sonderling konnte ihn doch nicht vor aller Augen lächerlich machen. Er schrie also laut:

„Das ist meine Straße, weil ich es so stark fühle. Und alle anderen fühlen es auch. Und wenn nicht, werden sie es an ihrer eigenen Haut erfahren. Das ist die Wahrheit, stimmt's, Kinder?"

Einige der kleineren Kinder stimmten ihm ängstlich bei. Andere, größere kicherten nur nervös. Sie hatten einerseits Angst, andererseits wollten sie aber auch nicht, dass die ganze Straße Fehlerles gehören sollte.

„Also, auch das ist nicht die Wahrheit", sagte der Mann.

Die Kinder begannen, still nach Hause zu gehen, denn sie fanden das Ganze nicht mehr lustig.

„Siehst du", sagte der alte Mann, „ich bin nicht stark wie ein Bulle oder flink wie ein Floh. Ich beiße nicht, wie die Tiere es tun, aber ich habe dich trotzdem besiegt! Doch möchte ich dich nicht auslachen. Ich möchte nur, dass du mir drei Fragen beantwortest."

„Schon gut", sagte Fehlerles resigniert.

„Wie heißt du", fragte der alte Mann.

„Ich heiße Fehlerles. Und das gilt schon als die erste Frage. Ich habe es bereits schon gesagt. Es war eine sinnlose Frage, und du hast einen falschen Zug gemacht", lachte der Junge.

„Sage mir, was bedeutet dein Name?", fragte der Mann ernst.

Da verschwand das Lächeln vom Gesicht des Jungen. Er wurde rot, machte ein düstere Miene, wusste jedoch, dass er antworten musste.

„Mein Name bedeutet ‚Der Mensch des Fehlers'. Ich bin die Erinnerung an einen großen Fehler. Das wolltest du doch hören!", schluchzte Fehlerles und die Tränen, die er so gerne zurückgehalten hätte, traten ihm in die Augen.

Da stellte der Mann die dritte Frage:

„Was ist das – ein großer Fehler?"

Das war eine schwierige Frage. Sogar eine sehr schwierige, wenn man sie gut beantworten wollte. Fehlerles versank in Gedanken, doch der Mann konnte geduldig warten. Fehlerles überlegte, und als er über den Fehler nachdachte, musste er auch über sich selber nachdenken, denn so hieß er eben. Schließlich antwortete er:

„Ein großer Fehler – das ist etwas, was man tut, was für niemanden gut ist, weil Unschuldige unter den Konsequenzen leiden müssen."

„Du bist ein schlauer Junge", sagte der seltsame Mann, „ich glaube, du hast eine gute Definition dafür gegeben, was ein Fehler ist. Doch irrst du schon wieder, wenn du sagst, was dein Name bedeutet. Es ist in Ordnung, dass du ihn anders interpretierst. Es ist sogar in Ordnung, dass du ihn anders schreibst. Wahrscheinlich kannst du noch nicht schreiben. Wenn du aber schreiben lernst, dann schreibe deinen Namen immer ‚Fehlerlos'. Er bedeutet dann: Dieser, der keinen Fehler macht, der Fehlerfreie. Dein Name ist ein großes Zauberwort und gleichzeitig eine Herausforderung für dich. Es ist sehr wichtig, dass man die wahre Bedeutung eines Wortes genau versteht, weil in den Worten große Kräfte stecken. Doch deine Kraft ist stärker – du kannst die Magie der Worte beherrschen und nutzen. Merke dir das für immer."

„Danke dir!" sagte Fehlerlos, und er lächelte mit so großer Erleichterung, als würde ihm tatsächlich ein Stein vom Herzen fallen. Er war von dem Gespräch mit dem alten Mann sehr berührt. Er wollte mehr über ihn erfahren.

„Darf ich dir auch drei Fragen stellen?", fragte er scheu. Der Mann nickte zustimmend.

„Wie heißt du?", fragte Fehlerlos.

„Ich heiße Sokrates", antwortete der Mann.

„Was machst du in deinem Leben?", fragte Fehlerlos weiter.

„Ich bin ein Philosoph", sagte Sokrates, „ich spreche mit Menschen, so wie heute mit dir, um ihnen zu helfen, die Wahrheit über die Welt und sich selber zu erfahren. Ich helfe ihnen, nur die Wahrheit zu finden, die bereits in ihren Herzen ist. Außerdem bin ich ein Athener und war Soldat. Und ich habe ein Haus, Frau und Kinder und wohne mit ihnen hier in der Straße so wie du."

Da wusste der Junge, was die dritte, für ihn wichtigste Frage sein sollte. Er fragte:

„Du bist zwar arm, aber so schlau, Sokrates, also sind deine Kinder bestimmt glücklich und nicht so wie ich, oder?"

Das war eine schwierige Frage. Sogar eine sehr schwierige, wenn man sie aufrichtig beantworten sollte. Sokrates wusste es und versank in tiefes Nachdenken. Fehlerlos konnte die Antwort kaum abwarten. Doch Sokrates dachte nicht nur über die Frage nach, sondern auch über sich selbst. Und endlich antwortete er:

„Ich weiß es nicht!"

Und dann wandte er sich von Fehlerlos ab und kehrte wortlos zurück. Zum ersten Mal ging er statt in die Richtung von Agora nach Hause zurück.

Fehlerlos kehrte ebenfalls nach Hause zurück. Er wollte so schnell als möglich seinen Namen schreiben lernen. Er wollte ihn so schreiben, wie Sokrates es ihm gesagt hatte. Unbedingt musste er seinen Vater finden. Im Hausflur stolperte er jedoch als erstes über seinen kleinen Bruder, der versuchte, seine neuen Sandalen zu schnüren. Seltsamerweise erschien Fehlerlos dies nicht mehr so witzig wie zuvor. Er band dem Kleinen eine Sandale zu und wartete, bis der die zweite selber geschafft hatte. Dann lief er schnell zum Zimmer seines Vaters. Schnell wie immer, jedoch nun beschwingt.

„Alter Bauer"

Die Morgenstille des Gartens wurde von einer bitterlichen Klage unterbrochen. Der junge Mann, der in Gedanken versunken auf der Mauer saß, erschrak ein wenig. Zwischen den noch vom Morgennebel grauen Olivenbäumen sah er einen kleinen Jungen, kaum älter als drei Jahre, der erbärmlich weinte und nach seiner Mutter rief.

„Weiber", dachte der junge Mann, „was haben sie schon anderes zu tun, als auf die Kinder aufzupassen. Nicht einmal das können sie richtig."

„Mama! Wo bist du, Mama?"

Die Stimme klang schon ganz nahe, und kurz darauf schob das Kind sein zartes Händchen in die große Hand des Mannes.

„Hilfst du mir, meine Mama finden?", bat der kleine Junge.

„Ich will es versuchen", antwortete der Mann, „du hast sie bestimmt auf dem Markt verloren, oder? Was verkauft deine Mama da?"

„Sie verkauft nicht", sagte der kleine Junge, „sie kauft ein."

„Hm, das wird schon schwieriger. Beschreibe mir deine Mama."

„Die Mama ist gut. Meine Mama ist die beste der Welt", erwiderte der kleine Junge stolz.

„Na", dachte der junge Mann, „man muss eben viel Geduld mit Kindern haben."

„Wie sieht denn deine Mama aus?", fragte er weiter.

„Meine Mama ist schön, sehr schön und zart."

„Mein Kind, das wird mir wohl nicht reichen!"

„Warum?", fragte der kleine Junge mit Überraschung in der Stimme, „das ist doch wahr."

Dann fangen wir eben anders an:

„Wie heißt du?"

„Ich bin der Süßbub, Mamas Liebling! So nennt mich meine Mama immer. Und wie heißt du?"

„Ich heiße Platon, aber das tut nichts zur Sache", antwortete der junge Mann, „sage mir lieber, wie deine Mama heißt."

„Mama heißt Mama!", sagte der kleine Junge und das Vertrauen in den großen Fremden, ihm zu helfen, seine Mutter wiederzufinden, wurde erheblich kleiner. Das Kinn des kleinen Jungen begann gefährlich zu zittern.

„So werden wir deine Mama nicht finden – du hilfst mir ja gar nicht …"

Seine Worte wurden von einem heftigen Tränenausbruch beantwortet.

„Ich will zu Mama! Mir fehlt meine liebe Mama. Ich will zu Mama, sofort!", schrie der kleine Junge und versuchte, seine Hand aus der Hand des Mannes zu ziehen.

Der Mann schaute auf das schreiende Kind. „Was soll ich jetzt mit ihm machen. So eine Zeitverschwendung. Ich bin doch extra so früh hierher gekommen, um vor dem Treffen mit meinem Lehrer nachzudenken. Wenn ich jetzt von hier weggehe – wie soll ich dann meine Abwesenheit erklären?" Er war einigermaßen irritiert. Doch plötzlich standen ihm die Worte seines Lehrers vor Augen, die dieser während ihrer letzten Begegnung gesagt hatte. „Von jedem Menschen, dem man begegnet, sogar dem kleinsten, kann und soll man etwas lernen." Richtig, warum hatte er nicht früher daran gedacht. Die Begegnung mit dem Kind war eine solche Lehre. Ein Philosoph sollte sich so nach neuen Ideen sehnen wie ein Kind nach seiner Mutter. So wie ein Kind nach seiner Mutter sucht, sollte er nach dem Guten, dem Schönen und dem Wahren suchen! Das war es …

Verlegen merkte er, dass er laut mit sich selber sprach. Das geschah ihm oft, wenn er tief in Gedanken versunken war. Verschämt sah er den kleinen Jungen an. Der beobachtete ihn aufmerksam.

„Schau' nicht so, davon verstehst du noch nichts - ..."

„Doch", unterbrach ihn der kleine Junge frech, „ich habe alles verstanden – du sprichst über meine Mama! Wir sollen die Mama suchen. Das sage ich doch die ganze Zeit."

„Du bist wirklich hartnäckig, mit deiner Mama", lächelte der Mann, „das passt noch nicht in deinen kleinen Kopf. Sage mir lieber, wie dein Papa heißt."

„Mein Vater heißt Fileeros", sagte der kleine Junge unerwartet leise.

„Warte 'mal", sagte der Mann, „ist das so ein großer, dunkelhäutiger Mann mit einer Narbe auf der linken Wange, hm? Ein Matrose?" Der kleine Junge nickte zustimmend. „Ich glaube, ich weiß, wo er wohnt. Komm!"

„Mein Papa ist groß, und er hat ein Schiff. Aber erinnere ihn besser nicht an die Narbe, weil er leicht zornig werden kann. Pass' auf ...", flüsterte der kleine Junge ganz außer Atem, weil er versuchte, seine kleinen Beine den Schritten des Mannes anzupassen.

Bald waren sie vor dem Tor eines ansehnlichen Hauses angelangt. Platon wollte gerade klopfen, da öffnete es sich plötzlich wie von selber, als hätte jemand hinter der Tür schon lange auf ihn gewartet. Eine zarte, verschleierte Frau sagte mit weicher Tränen erstickter Stimme: „Ich danke dir sehr, Fremder", und riss den kleinen Jungen in ihre Arme. Und schon war sie verschwunden. Nur die joviale, alte Dienerin bot dem jungen Mann Wein, Käse und Brot als Dank für seine Mühe.

„Ich hielt es für meine Pflicht", verweigerte Platon kalt die Gabe, und seine Stimme klang dabei im leeren Vestibül hart wie klirrende Kupfermünzen.

Er trat aus dem Schatten des Tores auf die mittlerweile von der Sonne glühende Straße. Er machte sich schnell auf die Suche nach Sokrates, den er nicht verpassen wollte. Die Gedanken an die Ereignisse des Morgens verblassten schnell, und als er Sokrates fand, erwähnte er sie auch nicht. Der Lehrer fragte ihn auch nicht, wo er gewesen sei, da er schon mitten in einem wichtigen Vortrag war. Er sprach über die Suche.

Dieser Suche hat auch Platon sein Leben gewidmet. Auch später ist er seinem Ziel niemals näher gewesen als an diesem unscheinbaren Morgen.

Hier im Dorf auf Euböa ist es ruhig. So richtig ruhig. Solch eine Ruhe bin ich schon lange nicht mehr gewohnt. Das ist nun einmal so. Nach Eritrea zum Einkaufen muss ich auch nicht mehr gehen, das können die Jüngeren machen. Ich bin eine alte Frau. Und deshalb bleibe ich lieber hier bei meinem Herrn. Wir können zusammen Brot mit Schafskäse essen. Er da im Schatten des Patio, ich hier in meiner schattigen Ecke. Ich warte darauf, dass er mich ruft. Er braucht mich aber nicht oft. Was benötigt ein solch alter Mann schon? Die Schüler sind fort, nur Puros kommt ab und zu, um uns zu besuchen. Er kommt und geht, wann er will. Wir zwei aber haben hier nichts mehr, auf das wir warten könnten, außer auf den süßen, langen Schlaf, der sich uns unerbittlich nähert. Das, was jetzt noch bleibt, das sind die Erinnerungen.

Der Herr aber will nicht aufgeben. Jedes Mal, wenn Puros, besorgt um dessen Gesundheit, kommt, spielt sich dieselbe Szene ab. Der Herr schreit, argumentiert, will überzeugen. Puros aber steht nur ganz ruhig da. Er nickt, und dann wiederholt er nur einen Satz, immer wieder denselben Satz. Ganz leise und ruhig sagt er: „Ich bin so aber glücklich, mein Lehrer. Wenn Sie es mir erlauben." Und der Herr gestattet es ihm. Dann geht Puros. Danach ist der Herr sehr lange unruhig. Er schreitet von hier nach dort und von dort nach hier, findet keinen Platz und wiederholt leise vor sich hin - aber ich kann immer noch gut hören - „Ich verstehe es nicht, ich kann das einfach nicht begreifen …", und dann wieder, „ich überzeuge ihn doch noch, wartet nur, bis er wiederkommt. Ich weiß schon, was ich ihm dann sage - ich muss mir das aufschreiben …, ja, ich weiß es schon …"

Aber wir wissen doch beide, dass es nichts bringt. Puros handelt hier in Euböa genauso wie in Athen seit dem Augenblick, als ihm der Herr zum ersten Mal die Erlaubnis gab, zu gehen. Und die Reinea, die wartet immer vor dem Tor - schwarz angezogen, barfuss und mit einem von der Sonne bronze gebräunten Gesicht - unendlich geduldig, wie immer, seit er sie zum ersten Mal mitbrachte. Sie ist jetzt schwanger, genauso wie das schwarz angezogene Mädchen seinerzeit vor vielen Jahren in Makedonien. Nur deren Gesicht habe ich nie gesehen. Jene Unbekannte ging immer verschleiert.

Das ist zwar schon lange her, jedoch kann ich mich an diesen Tag so gut erinnern, als sei es gestern gewesen. Der Tag war sehr sonnig, alle hatten Durst. Die Sonne schien schon seit Wochen, und es hatte sogar - unüblich für den Sommer in Miëza - sehr wenig geregnet. Wie jeden Morgen gingen wir hinter dem Herrn mit seinem Diener Kleos und dem Schreiber Mekos her. Und dann lag da unter dem Olivenbaum dieses graue Bündel. Genau unter dem Olivenbaum, unter dem es immer stand - dieses schwarz angezogene Mädchen. Von dort hörte sie von fern zu, was der Herr mit den Schülern besprach. Immer morgens, wie eine schwarze Säule, stand sie da auf ihren schmutzigen, braunen, nackten Füßen.
Der Herr suchte sie mit den Augen. Waren wir doch an ihre stille Anwesenheit bereits gewöhnt. Aber an diesem Morgen war sie nicht da, nur dieses kleine, graue Bündel. Wir gingen daran vorbei in den Hain. Urplötzlich schrie das kleine Bündel. Es schrie mit einer leisen, verzweifelten Stimme. Nur einmal schrie es, trotzdem konnte ich mich von diesem Schrei nicht mehr befreien. Ich schaute auf meinen Herrn. Ich wusste, dass in Athen in jeder Nacht Kinder ausgesetzt wurden. Wusste, dass das ganz normal war und ich als Sklavin nichts dagegen tun konnte. Also sah ich meinen Herrn an und flehte ihn in Gedanken so

stark an, wie ich konnte. Er beachtete mich aber nicht und blickte mit vor Ärger dunklen Augen nur kurz hinüber zum Olivenbaum.

„Heb's auf, Sklavin!", sagte er nur. Und ich wusste, wenn er auch noch so streng ist, werde ich ihn nie bestehlen oder belügen. So also kam Puros in unser Haus.

Und er wurde mein Sohn, auch wenn ich ihn nicht versorgen durfte, weil ich andere Aufgaben im Haus hatte. Er war ein kräftiger, starker Junge und niemals krank. Er weinte nur aus Einsamkeit und weil er sich verlassen fühlte. Nun aber hatte er mich und - was ich mit Erstaunen sah - auch meinen Herrn!

Kaum, dass er gehen konnte, lief Puros dem Herrn immer hinterher. Überall ging er mit uns hin. Man musste ihn nicht tragen, er weinte nicht, war nie hungrig. Heimlich steckte ich ihm ein Stück Brot in die Hand. Ein erstaunliches Kind. Was noch überraschender war: Der Herr duldete ihn. Er duldete ihn sogar in seiner Schule in Athen!

Der Junge wuchs heran, wurde schön, stark, aufrecht. Er sah nicht mehr wie der verlassene Sohn eines armen Mädchens aus, sondern wie ein Prinz. Wenn man mich fragt, so sah er besser aus als Alexander. Einerseits war er größer, andererseits hatte er nicht diesen unberechenbaren Ausdruck in den Augen, der für Alexander so charakteristisch war. Alexander hatte die Augen seiner Mutter Olympia geerbt. Puros hat milde, sanfte Augen, die verständnisvoll, zugleich aber ein wenig scheu blickten. Für ein Lächeln in diesen Augen würde ich das ganze Reich Alexanders hergeben. Wenn man mich fragen würde – aber mich fragt selbstverständlich niemand.

Er sprach nur wenig. Ich meine Puros, nicht Alexander. Er redete nur, wenn der Herr ihn fragte, doch der fragte ihn oft. Der Herr brachte ihm alles bei, mehr wie jedem seiner Schüler. Jedem, betone ich, mehr als sogar Alexander!

Puros war einfach immer da. Immer behilflich, immer still. Er hielt sich stets im Hintergrund. Mein schlauer Junge, mein Liebling. Um die Wanderungen, die er für den Herrn machte, beneidete ihn keiner der anderen Schüler. Er lief in die Berge oder in die Sümpfe und sammelte Pflanzen, kleine Tiere und seltsam geformte Steine. Was brachte er nicht alles an! Anfangs ging er zusammen mit dem Herrn, später immer öfter allein. Ich hatte Angst um ihn, dass er nicht mehr zurückkommen oder dass ihm etwas geschehen würde. Mich fragte aber selbstverständlich niemand. Nur Puros sagte immer zu mir, wenn er ging: „Weine nicht, mein kleines Mütterchen, es geht schon alles gut."

War es eigentlich noch in Athen, als ihm der Herr jene erstaunliche Frage stellte? Diese unglaubliche Frage:
„Was möchtest du denn werden, Puros? Sage mir, was du werden willst, wenn du groß bist."
Wer fragt schon ein Kind, das als Sklave aufgewachsen ist, was es werden möchte! Wer zieht schon einen Sklaven groß, um ihm dann die Freiheit zu schenken? Aber genau das tat mein Herr. Er sagte zu Puros, dass er frei geboren und nie ein Sklave gewesen sei. Und das ließ er ihm sogar amtlich bestätigen. Seitdem probiere ich immer vorher alles, was der Herr essen wird, damit er nicht auch noch Magenschmerzen bekommt oder etwas noch Schlimmeres – auch damals auf all' den Königshöfen, auf denen wir weilten.
Nur, was Puros zur Antwort gab, konnte und wollte der Herr nicht hören. Wer ist schon bereit, sich eine derartige Antwort eines Knaben anzuhören?! Selbst ich wollte sie nicht hören! Denn er antwortete immer wieder:
„Ich möchte ein Hirte werden, mein Herr."
„Ein Hirte!", dachte ich bei mir, „ein Hirte! Er ist ein Freier! Ein Schüler von Aristoteles! Und der will ein Hirte werden, ein Schäfer?"

Mein Herr lachte und sagte ihm, das würde ihm schon noch vergehen. Ich hoffte es mit ihm, ich hoffte es sehr. Aber wenn man mich fragen würde, sicher war ich mir dabei nicht. Oh, nein, sicher ganz und gar nicht. Wie alt war Puros damals? Sieben. Also schon nicht mehr ein ganz so kleines Kind.

Puros bettelte nicht, aber wenn der Herr ihn fragte, antwortete er immer dasselbe: „Ich möchte ein Hirte werden." Vierzehn war er, als der Herr endlich sagte: „Also geh', probiere es." Der Herr besaß ein Landgut in der Nähe von Athen, auf dem es auch Schafe und Ziegen gab.

Nun war es also so weit: Puros sollte mit den Schafen für vier Monate in die Berge ziehen. Den Sommer lang – einen ganzen Sommer lang! Aber mich fragt ja niemand! Nur Puros sagte wie immer zu mir: „Weine nicht, mein kleines Mütterchen. Es wird alles gut."

Zurück kam er noch größer und stärker als zuvor – braungebrannt, strahlend in seiner Jugend und seiner Gesundheit. Und noch ruhiger wie gewohnt.

Und er brachte Reinea mit.

Einfach so brachte er ein Mädchen mit! Wo nur hatte er das in den Bergen gefunden? War sie eine Bauerntochter oder eine flüchtige Sklavin? Niemand wusste es. Puros äußerte sich nicht dazu. Und Reinea spricht sowieso nur mit ihren großen, schwarzen Augen und schaut einen damit so an, dass man ihr nicht böse sein kann. Und sie blieb.

Na ja, unser Herr kann aus eigener Erfahrung wohl sehr gut verstehen, dass man gegenüber einem Mädchen schwach wird. Wenn man mich fragen würde … ich könnte darüber schon einiges erzählen …

Was der Herr aber nicht verstand, war Puros beharrliche Antwort. Der Herr fragte:

„Nun, mein Junge, hast du jetzt genug? Möchtest du nun nicht lieber in der Stadt bleiben und weiter studieren?"

Puros antwortete jedoch, leise wie immer:

„Wenn Sie es mir erlauben, mein Herr, ich möchte ein Hirte bleiben."

Der Herr argumentierte den ganzen Winter lang hin und her. Schließlich ließ er ihn wieder gehen. Es war unser letzter Sommer in Athen ...

Nach dem Tod des Königs Alexander ging alles sehr schnell. Wir mussten unser Haus verlassen und brachen rasch auf. Wie beschämend! Der große Aristoteles wurde gezwungen, sich hierhin, nach Euböa, zurückzuziehen.

Puros war zu dieser Zeit hoch oben in einem Dorf, zusammen mit dem Vieh auf den Weiden. Niemand hatte ihn gerufen, niemand hatte ihn benachrichtigt. Trotzdem kam er, wortlos wie immer und mit ihm Reinea. Beide zogen sie mit, beide barfuß, beide braungebrannt und beide ganz gelassen inmitten des Umzugschaos. Sie halfen überall. Als wir uns jedoch in Euböa häuslich einrichteten, verschwanden beide. Sie hatten Arbeit bei den Hirten gefunden und hausten ganz allein in einer Schäferhütte, dort, wo sonst niemand Schafe hüten wollte, anstatt ganz bequem hier im Haus zu leben. Ich verstehe das genauso wenig wie mein Herr. Aber auf mich achtet ja sowieso niemand ... Allein Puros sagte wie immer zu mir: „Weine nicht, mein kleines Mütterchen, es wird alles gut. Ich lasse dich nicht allein, wenn es soweit ist. Du kommst dann zu uns ..."

„Na, vielen Dank!"

Ich hoffe, dass der Herr ihn doch noch überzeugen wird. Ich bringe ihm noch einige Stücke Papyrus für seine Notizen, vielleicht hilft das was ...

„Neid"

2 Martius

Schwer ist das Leben eines römischen Beamten in diesen Zeiten. Allein schon all' diese kleinen Intrigen im Amt. Und dann Prudentia: Musste sie sich wegen des neuen Präfekten unbedingt von mir scheiden lassen?! Als ob das nicht alles schon reichen würde, hat Mutter wieder einen neuen Liebhaber, und ausgerechnet mit dem muss ich zu Tisch sitzen. Gut, dass mein geliebter Vater das nicht mehr erleben muss ... Sogar die einfachsten Dinge kann man im eigenen Haus nicht mehr in Ruhe erledigen. Ganz zu schweigen von all' den „großen Angelegenheiten", über die man nicht einmal in einem Tagebuch spricht.

Ach, was soll's – haben wir doch jetzt unseren geliebten, neuen Cäsar. Mögen die Götter ihm ein langes Leben schenken! Dafür würde ich sogar diesem neuen Gott opfern – auch wenn der sagt, dass er das nicht will. Also, das stinkt mir! Ein ehrliches, gesundes Opfer aus der Hand eines guten, römischen Bürgers soll sich nicht mehr auszahlen? Und überall diese Einwanderer. Zur Zeit Konstantins – bei allem Respekt – war es mit denen einfach nicht mehr auszuhalten. Gut, dass Cäsar Julian* da endlich wieder Ordnung reinbringt, wie es sich schon längst gehört hat. Wie bei diesen Alemannen.

Na ja, aber darum geht es mir heute eigentlich nicht. Endlich darf man auch offiziell einen guten Lehrer für seine Söhne suchen. Solch einen, der meine zwei Buben in alter, guter römischer Disziplin erzieht und mit unserer nationalen Philosophie vertraut macht.

Und was war noch? Schon den dritten, teuer gekauften Sklaven musste ich auspeitschen und in den

Steinbruch schicken. Na ja, wenigstens bringt der Steinbruch ordentlich Geld. Trotzdem: Ich kaufe doch nicht einen gebildeten Sklaven bei diesen räuberischen Preisen, um ihn dann als minderwertige, körperliche Arbeitskraft zu verschwenden. Ich habe dem Teuernuss Crassus, der seine Ware so sehr anpreist und ihre Qualität bei allen Göttern beschwört, vertraut. Ausgebildete Kräfte will der verkaufen, in Griechenland studierte, oder seit Generationen in Rom lebende Sklaven aus guter römischer Zucht!

Und nun, was hat sich herausgestellt? Der erste war sicher kein Christ, dafür war der viel zu temperamentvoll. Aber meine Chlumydia verführen! Das wollte ich eigentlich nicht erwähnen. Die zwei anderen aber waren Christen. Überall diese Christen! Im Amt Christen, auf dem Forum Christen, vor dem Tempel Christen. Und jetzt auch noch in den eigenen vier Wänden Christen! Die Lehrer sollen den Kindern von Seneca, von Epikur erzählen. Und unterrichten sollen sie die römischen Tugenden und dazu Rhetorik, Logik und einen gesunden Skeptizismus. Und was erzählen sie – Legenden! Und was für Legenden! Legenden über Armut, Kraftlosigkeit und Mystizismus! Die werden sie jetzt im Steinbruch auf der eigenen Haut spüren.

Mögen die Götter unserem geliebten Cäsar Julian ein langes Leben schenken!

16 Martius

Heureka! Ich habe einen neuen Lehrer gefunden. Er heißt Duldius Clugius. Welch ein Name für einen Lehrer! Ich habe ihn recht günstig bei Secundus Handus gekauft. Endlich mal ein ehrlicher Sklavenhändler, wie mir scheint. Duldius ist zwar alt und buckelig, aber er muss ja den Jungen nichts Handwerkliches beibringen oder Gymnastik mit ihnen treiben. Dafür sorge schon ich. Nur Theorie. Alte, gute römische Theorie. Und das kann er, wie es scheint. Ich habe bei der ersten Lektion zugehört. Er hat mit Seneca begonnen. Wie schön er den Jungen alles erklären kann. Es wird bestimmt gut gehen. Der kleine Marcus ist zwar ein wenig lebhaft, aber trotzdem ist er fleißig und genau. Der Marius andererseits ist einfach etwas zu weichlich. Nicht zu weich, doch braucht er eine etwas härtere Erziehung. Er hat eine rege Vorstellungskraft und eine Menge Charme. Oh, das sind hervorragende, talentierte Jungen. Die brauchen einen richtig guten Lehrer. Den Göttern sei Dank, geraten sie ganz nach mir und nicht nach der Familie der Mutter.

18 Martius

Es funktioniert hervorragend! Ich wusste es.
Marcus macht ausgezeichnete Fortschritte beim Reiten. Und Marius schreibt mit Vorliebe seine theoretischen Übungen. Ich habe dem Alten eine kleine Landwirtschaft in der Nähe von Rom versprochen, wenn er es weiter so gut macht. Nun, er ist sowieso schon recht alt, und bis die Jungen groß werden …
Mein Versprechen wird ihn bei seinen Bemühungen motivieren.

2 Aprilis

Marcus reitet inzwischen schon ausgesprochen gut. Ich hätte nie gedacht, dass ihm der Greis das so gut beibringen kann. Sogar Marius hat seinen Widerwillen gegenüber Pferden überwunden. Ich erlaube den beiden, eine Reise zu unseren Erbgütern auf dem Land zu machen. Sie sollen auch den Steinbruch besuchen. Bei der Gelegenheit möchte ich, dass die Jungen das Geschäft kennen lernen. Das Wetter spielt zwar nicht mit, aber die beiden sind so begeistert, dass ich ihnen die Freude nicht verderben will. Gut, auf der Reise können sich die Jungen auch körperlich abhärten. Der Duldius geht selbstverständlich mit. Ich frage ihn regelmäßig, was er in seinen Lektionen noch alles vorhat. Demnächst folgt Epikur. Und Cleverius Schlangus ist aus meiner Abteilung verschwunden. Endlich! Die Götter schauen gnädig auf uns herab. Ich werde Fortuna ein anständiges Opfer bringen, damit das auch so bleibt.

12 Aprilis

Die Jungen sind wieder zurück. Allmählich reifen sie zu echten Männern. Jetzt lernen sie alles über Epikur. Ich fühle mich so motiviert, wenn zuhause alles gut läuft. Auch für mich heißt's: „Carpe diem." Denke, ich werde noch einen weiteren Brief an den Konsul zum Thema „Cleverius Schlangus" schreiben. Nutze den Tag, wahrlich!

14 Aprilis

Als Belohnung für ihren Fleiß beim Lernen hatte ich mit den beiden Jungen einen kleinen Spaziergang in den Circus geplant. Sie wollten aber nicht mit und meinten, das sei sinnlose Zeitverschwendung. Na ja, stimmt eigentlich, man sollte sich schämen. Und dann meinten sie noch, der Circus sei brutal und unmenschlich. Ich muss mal bei Epikur nachschlagen. Dem Sekretär habe ich bereits den Befehl gegeben, herauszufinden, ob einer der römischen Philosophen sich dazu irgendwie geäußert hat.

15 Aprilis

Irgendetwas scheint schief gelaufen zu sein. Heute morgen habe ich den Jungen gegenüber den Wunsch geäußert, dass sie einen Tag ganz allein für sich verbringen und das tun sollten, was sie unter „carpe diem" verstehen. Den Tag werden wir nutzen, um herauszubekommen, warum sie den Circus plötzlich nicht mehr mögen. Es war eine Idee meines Sekretärs. Den Göttern sei Dank, dass man noch Leute hat, die mitdenken.

16 Aprilis

Irgendetwas geht hier vor. Marcus saß den ganzen Tag in der Bibliothek, und am Abend kam er mit dem Schwert in der Hand und trug mir die feurige Verteidigungsrede des Spartacus vor. Und Marius hat den ganzen Tag im Quartier der Sklaven verbracht und eine Elegie darüber geschrieben. Dann sprachen mich beide wegen der so genannten „grässlichen Zustände" in unserem Steinbruch an. Ich verstehe nicht, was das soll. Der Steinbruch läuft doch als eines der wenigen Unternehmen in dieser Zeit gut?
Der Sekretär ist verschwunden. Gleich nach dem Gespräch mit den Jungen ist er gegangen, um einen neuen Papyrus zu holen, und kam nicht mehr zurück. Was soll ich tun? Gleich morgen früh werde ich dringend etwas unternehmen müssen!

17 Aprilis
Im Kerker

Nun sitze ich hier mit den beiden Jungen im Kerker. Und wir dürfen nicht einmal miteinander reden.
Noch vor Sonnenaufgang weckte mich Lärm im Haus und in der nächsten Minute stand ein Prätorianer mit dem blank gezogenen Schwert vor meinem Bett. Wir wurden wegen der Planung eines Aufstands alle miteinander verhaftet. In unserem Haus soll sich der Versammlungsort einer rebellischen christlichen Sekte

befinden! Und ich persönlich soll den Bischof dieser Sekte verborgen und unterstützt haben! Die Agenten unseres geliebten Cäsar Julian waren angeblich schon lange auf seiner Spur. Meine Schreibutensilien durfte ich mitnehmen, um meine Aussage zu schreiben. Das ist ein großes Missverständnis! Ich bin doch immer ein treuer Römer im Dienst des Cäsar gewesen! All' diese Bischöfe würde ich am liebsten mit den eigenen Händen ...

1 Maius

Das ist das Ende. Man hat mich nach Moesien deportiert. Eigentlich ist das ein ausgesprochen gnädiges Urteil bei einem Verdacht der Verschwörung gegen den Cäsar und die Religion Roms. Das verdanke ich den Verdiensten meiner Familie um die Stadt. Nun soll ich in Moesien in einem Steinbruch arbeiten. Als Strafgefangener, nicht als Sklave. Das spielt nun auch keine Rolle mehr. Ich gebe mir nicht länger als ein halbes Jahr. Weiß ich doch, wie das Geschäft läuft ...
Unser Besitz fiel an den Fiskus. Die Söhne kamen unter die Kontrolle der Familie meiner Ex-Frau in Sizilien. Dank einer Bitte an den neuen Präfekten, der mein Verfahren leitete. Die Kinder wären, von mir beeinflusst, auf einen schlechten Weg geführt worden. Na ja, seine Prätur verdank er doch allein der Tatsache, dass er diesen „staatsgefährdenden Komplott" bereits im Keim erstickt hat.
Meinen Worten hat man keinen Glauben geschenkt. Der Aussage meines eigenen Sekretärs und der meines langjährigen Mitarbeiters im Amt, Cleverius Schlangus, konnte ich nichts entgegensetzen. Mein Tagebuch wurde ebenfalls gegen mich verwendet. Nur diese letzten Seiten hat man mir gelassen. „Zur Auffrischung meines Gedächtnisses", wie der Prätor meinte. Als Beweis meiner verlogenen Aktivitäten wurden auch meine Briefe über Cleverius vorgelegt.

Der war bereits seit zwei Jahren ein Agent des Geheimdienstes des Cäsar!

Duldius Clugius wurde als Bischof gekreuzigt. Secundus Handus ebenfalls. Aber was hilft mir das? Den Teil des Tagebuchs, der mir gelassen wurde, werde ich unter einem Stein hier in der Zelle verstecken. Vielleicht findet ihn jemand und hat Mitleid mit mir wegen des Unrechts, das mir geschah. Mir, dem ehrlichen, treuen Untertan des Cäsar Julian. Ich denke nicht, dass ich das Tagebuch im Steinbruch noch gebrauchen kann.

Du, der das liest – leide mit mir,
dem Amtkratius Traditiensus,
einem unschuldigen Opfer
der Ironie des Schicksal.

---

* Julianus Flavius Claudius (332-363 n. Chr.) wurde auch Apostata genannt, weil er versuchte, die heidnischen Kulte in Rom wiederherzustellen und überzeugter Anhänger des Neuplatonismus war. Jedoch wurden während seiner Regierungszeit von staatlicher Seite her die Christen nicht verfolgt.

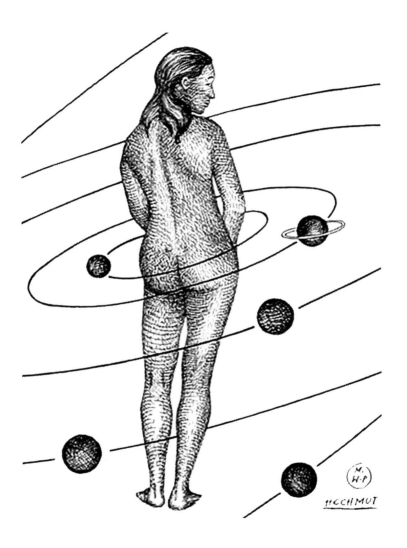

„Hochmut"

Sie kennen doch bestimmt solche Tage, an denen alles schief geht. Der Tag fängt bereits schlecht an, und man weiß genau, so wird er auch weitergehen. Ab und zu sind es echt schreckliche Tage. Sogar der größte Stoiker kann an einem solchen Tag seine Geduld verlieren.

Allein wie schon alles begann: Der neue, dunkelhaarige Sklave hatte die gerade erworbene, antike korinthische Vase fallen lassen. Ausgerechnet die, die volle 10.000 Sesterzen gekostet hatte! Auch der neue Präfekt hatte sie unbedingt kaufen wollen. Aber Seneca hatte mehr geboten und damit den Prätor auf den ihm zustehenden Platz verwiesen. Na ja, das war ihm wenigstens ein kleiner Trost nach dem Tod des Burrus, der Jahre lang diese entartete Stadt und seine Prätorianer mit eiserner Faust regiert hatte. Man wird nicht jünger. Aber darüber wollte ich eigentlich gar nicht schreiben.

Die Vase war zerstört, lag da in Scherben, und der junge Sklave entschuldigte sich kniend. Immerhin entschuldigte er sich, aber keinesfalls bescheiden, demütig genug. Fast ein wenig geringschätzig, so schien es. Nach allen Jahren im Palast war Seneca für solche Nuancen sehr empfindlich. Dem Sklaven schien es nicht bewusst zu sein, dass diese Vase ein einmaliges Kunstwerk war!

Ob es ihm klar sei, dass er selbst höchstens 50 Sesterzen wert sei, und dass das nichts sei im Vergleich mit dem Wert der Vase, fragte ihn Seneca rhetorisch. Und setzte hinzu, dass er in seinem ganzen Leben der Menschheit nicht den Verlust dieser Vase ersetzen könne.

Zu Senecas Erstaunen und Befremden wagte es der Sklave, ihm eine Antwort zu geben.

„Es tut mir sehr Leid, mein Gebieter, dass ich Ihnen einen Verlust zugefügt und Kosten verursacht habe. Mir zitterten die Hände ... Meine Frau und mein Kind starben auf dem Schiff, das uns von Ägypten nach Ostia brachte. Sie waren krank, und ich konnte nichts für sie tun. Gerne hätte ich mein Leben gegeben, um ihr Leiden zu lindern. Dafür aber ist mein Leben nicht wertvoll genug. Wie aber können Sie, mein Gebieter, der Sie so weise sind, den Wert eines menschlichen Lebens mit dem einer Vase vergleichen?"

Seneca stockte der Atem. Wie konnte sich ein einfacher Badesklave erdreisten, in solch einem Ton mit einem Senator Roms in dessen eigenem Haus zu sprechen! Er wollte schon mit einem Glöckchen ein Signal geben, um die einzige in dieser Situation erforderliche Antwort zu erteilen, doch hielt ihn seine Verblüffung zurück. Er wäre weniger überrascht gewesen, wenn eine seiner geliebten Statuen zu ihm geredet hätte. Ein erheiternder Gedanke...

Doch was sollte er dazu sagen? Gut, die Familie des Sklaven war gestorben. Na ja, das war schon unangenehm, aber was konnte man da schon ändern – so war eben der Lauf der Dinge. Sich dagegen zu empören, was man sowieso nicht ändern kann, wäre doch reine Dummheit. Die Menschen machen sich doch selber unglücklich. Na ja, es war ja auch nicht zu erwarten, dass dieser Sklave hier die erhabene Lehre des Stoizismus kannte. So blickte er kalt auf den Sklaven herab:

„Darüber, ob du stirbst oder am Leben bleibst, entscheide ich!"

„Nein, mein Gebieter, darüber ob einer von uns lebt oder stirbt, entscheidet Gott!"

Das war auf gewisse Weise schon erheiternd:

„Du musst doch zustimmen, dass der so genannte ‚Gott' in mir seinen Vermittler hat!"

„Sie sind, mein Gebieter, nur ein Werkzeug in seiner Hand."

Das kann doch nicht wahr sein, dachte Seneca, dass ich einen philosophischen Diskurs mit diesem Insekt führe. Jedoch steckte er zu sehr in der Haut des Philosophen, um nicht zu antworten:

„Wenn du, der Sklave, ein solcher Fatalist bist, dann solltest du dich vor dem Tod auch nicht fürchten, oder?"

„Weder fürchte, noch wünsche ich mir ihn. Doch liebe ich mein Leben nicht länger, seit meine Familie erst versklavt wurde und nun tot ist."

„Oh, dieses Problem werden wir gleich erledigen. Du brauchst an deinem Leben nicht mehr lange leiden."

Wo war nur diese Glocke! Wenn man etwas brauchte, dann war es nie da. Gerade hatte sie doch noch hier auf dem Tisch gestanden. Seneca klatschte in die Hände. Er erinnerte sich daran, was er vor Kurzem selber noch über Sklaven geschrieben hatte. Und nun so eine Frechheit. Diese wunderbare Vase!

Ein Wink mit der Hand und die Diener, die ihren Herrn kannten, wussten, was zu tun war, und vollstreckten das Urteil sofort. Seneca mochte diese besondere Art Strafe zwar nicht, war aber überzeugt, dass man ein Exempel statuieren müsse. So mussten alle dem Auspeitschen bis zum bitteren Ende zusehen. Sonst würde ja jeder tun, was er gerade wollte. Als wenn man nicht andere Probleme hätte.

Wie diese erste Einladung nach Burrus Tod in den Palast, die eine große Chance sein konnte. Hatte man doch extra für Seneca einen großen Sänger aus Antiochien geholt. Nero würde ihn sicher hören wollen. Und solange Nero dem Sänger seine Aufmerksamkeit schenkte, würde ihn das von räuberischen Plünderungen der Staatskasse abhalten.

Diese Gedanken gingen Seneca durch den Kopf, während ihm seine Sklaven die Toga in schöne Falten legten. Die Sänfte wartete schon. Es war nicht weit zum Palast. Nur einmal beugte sich Seneca aus der Sänfte, um einen Bekannten zu begrüßen. Nur kurz wollte er ihm mit ausgestreckter Hand ein Zeichen geben. Doch das reichte, um gegen den Arm einer verschwitzten, schwarzen Sklavin zu stoßen, die auf dem Kopf einen Berg voller Tonschüsseln trug. Sie schrie ganz entsetzlich, als die Schüsseln am Boden zerbarsten. Warum wohl hatte man immer wieder eines dieser Edikte verkündet, dass die Sklaven im Stadtzentrum nicht einfach mitten auf der Straße herumzulaufen hätten! Die Diener schoben sie rasch beiseite. Schmerzlich wurde Seneca an seinen eigenen Verlust erinnert. Wenn dieses wegen fünf einfacher Schüsseln schreiende Weib nur wüsste, was man ihm heute zerbrochen hatte! Rasch vergaß er aber diesen Gedanken, der ihm sauer aufgestoßen war, denn die Sänfte hielt bereits vor dem goldenen Tor des Palastes.

Seneca stieg in den Kolonnaden aus und ergab sich voller Abscheu der sinnlosen Leibesvisitation, die Nero nach dem Tod des Burrus eingeführt hatte. Und schon stand er seinem Zögling gegenüber. Nero befand sich allein am Ende des Säulengangs. Seneca hatte ihn schon fast erreicht, als ihm dieser zudringliche, neue Präfekt in den Weg trat. Der streckte seine Hand, in der er eine Papyrusrolle hielt, in Senecas Richtung. Im ersten Moment meinte Seneca, dass der Präfekt mit einem Dolch zustechen wollte. Doch, nein, der Präfekt erklärte nur höflich, dass er vor dem Treffen mit dem Cäsar einen Text abliefern solle. Der Cäsar bitte Seneca, diesen zuvor zu lesen.

„Wahrscheinlich schon wieder ein neues Lied",

dachte Seneca, und führte den winzig kleingeschriebenen Text vor seine kurzsichtigen Augen. Dem Präfekten erwiderte er kalt:

„Der Wunsch des Cäsar wird wie immer erfüllt. Ich lese ihn sofort", und in Gedanken fügte er noch hinzu: „Du Analphabet!"

Seine Hand zitterte nicht – wenigstens nicht mehr als üblich. Hatte er damit nicht rechnen müssen? Weiter gab es nichts dazu zu sagen. Nero schrieb etwas über „Staatsraison", „allgemeine Ordnung"… die Wörter tanzten vor seinen Augen. Im Prinzip war es auch egal – die Freude am Leben hatte er doch schon längst durch den Verlust seiner Freiheit verloren. Das sah er jetzt so scharf wie die Scherben der zerbrochenen Vase.

Großzügig gestattete ihm Nero, sich selbst zu töten. Man peitscht doch in einem zivilisierten Land Senatoren nicht zu Tode.

Der Junge rannte fröhlich durch die Wiese. „Er wollte sich im Gebüsch verstecken, weil es eigentlich schon lange Zeit war, schlafen zu gehen. Er hatte so viel Spaß daran, mit Mutter noch etwas zu spielen. Sie machte sich zwar immer Sorgen, wenn er verschwand, das stimmte schon, aber es war zu schön, noch ein wenig draußen zu bleiben. Gerade wollte er in seinem geliebten Versteck verschwinden, da sah er plötzlich hinter dem Schweinestall einen seltsamen Kerl.

Der war sehr groß und seine Haare hatten die Farbe von Sand. Und hinten, auf seinem Rücken, sprang etwas Sonderliches hervor. So etwas wie Federn oder gar kleine Flügelchen. Der Fremde sah zwar nicht gerade wie ein Bettler aus, war aber auch nicht wie üblich angezogen. Äußerst seltsam. Na ja, ganz normal war der sicher nicht. Welcher normale Mensch läuft schon mit einer Lilie in der Hand und angeklebten Flügeln durch die Gegend?!

„Folgst du mir?", fragte der Fremde.

„Nein", antwortete Augustin schnell und trat vorsichtig ein paar Schritte zurück. Sein Gegenüber sah zwar nicht wie der fette Sklavenhändler vom Markt aus, aber man weiß ja nie. Die Mutter hatte ihn gewarnt. Er würde ganz bestimmt nicht mit irgendeinem Sonderling, der hinter dem Schweinestall lauerte, irgendwohin gehen.

„Aber vielleicht folgst du mir schon jetzt?", fragte der Fremde mit sanfter Stimme.

„Nein, ganz bestimmt nicht!", antwortete Augustin noch einmal und, um sicher zu sein, dass der ihn auch verstehe, streckte er ihm die Zunge raus.

„Du wirst nach mir suchen", meinte der seltsame Fremde. „Und wenn du viel älter bist, wirst du mir doch folgen!", sagte der Wunderliche und wurde blass. Nicht im Gesicht, nein, einfach rundum wurde er blasser und durchsichtiger und schon konnte man durch ihn hindurch die Wand des Schweinestalls sehen. Er verschwand und nur ein zart rosafarbener Nebel blieb in der Luft zurück.

„Mama hat doch recht", sagte Augustin zu sich. „Ich habe wirklich eine zu starke Phantasie. Ich muss damit aufhören."

Unerwartet spürte er auf dem Kopf die Hand seiner Mutter. Wie an jedem Abend hatte sie ihn gesucht und auch gefunden. Sie streichelte seinen verstrubbelten Kopf und sagte wie immer:

„Wo kriechst du wieder herum, mein Sohn? Willst du, dass sich deine Mutter zu Tode grämt?"

Augustin schwieg und ging wie immer an der Hand der Mutter nach Hause.

„Nein, das werde ich doch streichen." – Augustin legte ungeduldig die Feder ab – „das glaubt mir sowieso niemand. Da macht man sich seit ewigen Zeiten die Mühe, dem Leser mit seinen ‚Bekenntnissen' wirklich etwas zu vermitteln, aber es ist schon schwierig genug für einen selber, alles zu verstehen. Wie zum Beispiel diese Stelle im Evangelium nach Lukas."

„Und seine Mutter sprach zu ihm: Mein Sohn, warum hast du uns das getan? Siehe, dein Vater und ich haben dich mit Schmerzen gesucht. Und er sprach zu ihnen: Was ist's, dass ihr mich gesucht habt? Wisset ihr nicht, dass ich sein muß in dem, das meines Vaters ist? Und sie verstanden das Wort nicht, das er zu ihnen redete." (Lukas; 2:49 – 51)[1]

---

[1] Die Bibel; nach der Übersetzung Martin Luthers, Württembergische Bibelanstalt, Stuttgart 1964

„Diese Stelle werde ich nie verstehen können." Wie schon tausend Mal zuvor überlegte Augustin, was gewesen wäre, wenn er dem Engel damals doch gefolgt wäre. Wie viel Schmerz, Verzweiflung und Fehler wären ihm auf dem schwierigen Weg zum Glauben erspart geblieben. Wohin hätte ihn der Engel wohl geführt? Wie viel mehr hätte er tun können, besser dienen können, wenn er damals damit begonnen hätte. Andererseits die Mutter: Er spürte nach all' den vergangenen Jahren noch ihre warme Hand auf seinem Kopf. Was soll ein Mensch tun, wenn er zwischen seinem Glauben und seiner Liebe abwägen muss ...?

„Ich verstehe das einfach nicht. Ich bin weich und unwürdig. Aber ich bin nur ein schwacher Mensch", dachte Augustin. Und für ihn völlig unerwartet, merkte er, dass er sich darüber freute.

„Andacht"

Die Artikel

Wenn man sich die Frage stellt, ob man seiner eigenen Vernunft nicht trauen kann, wird ein Rationalist wahrscheinlich sofort antworten, dass gerade die Vernunft die richtige Urteilskraft sei, um zu entscheiden, ob wir an etwas zweifeln oder nicht. Vielleicht sollte man gleich direkt fragen: „Was ist das - die Vernunft?"[2] Es ist ziemlich beunruhigend festzustellen, dass immer noch diskutiert wird, was die Vernunft ist und sein soll, und dass wir diesen so wichtigen Begriff trotz zweieinhalbtausend Jahre Geschichte der Philosophie nicht ganz begreifen können. Die existenziellen Fragen sind für den einzelnen Menschen nicht einfacher geworden. Diese grundsätzlichen Fragen werden immer wieder von Neuem gestellt: Heute jedoch steht uns die gesamte Geschichte der Philosophie zur Verfügung. Wir sind also in einer besseren Situation als zu ihrem Beginn.

Jedoch: Wo nimmt diese ihren Anfang? Kann man sich auf einen konkreten Zeitpunkt festlegen, an dem die Geschichte der Untersuchung des menschlichen Denkvermögens – die Geschichte der Autoanalyse der Vernunft – begonnen hat? Dafür gibt es keine Quellen, und es lässt sich nicht nachvollziehen, wer wann was gesagt hat. Man kann jedoch auf einen sehr wichtigen historischen Moment (auf den ich noch eingehen werde) hinweisen, der als Anfang der Entwicklung der Philosophie im Mittelmeerraum gilt. Als Beginn einer Denkart, die die Geistesgeschichte der europäischen Kultur prägte und deren Name sich aus zwei altgriechischen Worten zusammensetzt: „philos" (Vorliebe oder Liebe) und „sophia" (Weisheit). Das rationelle Denken - das Streben nach Wissen und

---

[2] Wenn Sie dieses Thema vertiefen möchten, empfehle ich Ihnen das Buch von Wolfgang Welsch „Vernunft. Die zeitgenössische Vernunftkritik und das Konzept der transversalen Vernunft", Suhrkamp Verlag, Frankfurt am Main, 1996

seiner Erklärung - wurde „Philosophie" getauft, was nichts anderes bedeutet als „die Liebe zur Weisheit". Vermutlich die einzige Art der Liebe, von der man nicht enttäuscht oder verlassen werden kann. Die Vernunft, der wir einmal wirklich vertrauten, bleibt uns treu.

Abgesehen davon, was wir über die „Natur der Vernunft" denken, ist eines klar: Wir denken mit der Vernunft. Da taucht die schon einmal gestellte Frage in neuer Form auf: Kann eine Reflexionskraft an sich selber zweifeln? Ich meine nicht an Informationen, die man hat, oder an der Korrektheit eines Schlusses, sondern an der Berechtigung des Denkens an sich. Auch wenn die intuitive Antwort auf diese Frage „nein" sein mag, die Erfahrung und die Geschichte lehren, dass es doch richtig ist, mit „ja" zu antworten[3].
Das Vertrauen in die eigene Vernunft bedeutete ungefähr im sechsten Jahrhundert v. Chr. im Griechenland der Antike den Durchbruch. Die Philosophen vertrauten der menschlichen Vernunft radikal, verabsolutierten sie und sahen in ihr das „Maß aller Dinge" - die Erscheinung einer „Weltvernunft". Sie sprachen der Vernunft die Macht und das Recht zu, das in Frage zu stellen, was bis dahin heilig und geheimnisvoll war.

Auf diese Art und Weise vertraute auch Letlane, das Mädchen meiner erster Geschichte, dem eigenem Denken. Ihre Familie kann als ein Beispiel dafür dienen, wie man wider besseren Wissens handeln, dass man sogar vor der Vernunft Angst haben kann. Und dass man den Versuch einer objektiven Analyse für eine Gotteslästerung halten kann. Das geschah nicht

---

[3] In der postmodernen Philosophie wird sogar die Vernunft selber als ein Instrument der Gewalt angegriffen. Nur um ein Beispiel zu nennen: Denker wie Gianni Vattimo oder Jean-François Lyotard werfen der Vernunft die Tendenz zu absoluter Herrschaft oder der Uniformierung vor. Die Problematik sprengt allerdings den Rahmen meines Artikel. Die Lektüren, die mich zu dieser Abschweifung animierten, sind im „Literaturhinweis" zu finden.

nur in meiner fiktiven Geschichte, sondern auch in der Geschichte der Philosophie.

Es ist schwierig, sich in die damalige Zeit zu versetzen und einzusehen, dass vor dem 7. oder 6. Jahrhundert vor Christus einfach noch nicht diese Denkart existierte, die uns heute oft als selbst-verständlich erscheint. Die Philosophie musste man tatsächlich erst „erfinden" oder als Möglichkeit erst entdecken. Vorher hatte noch niemand behauptet, dass die menschliche Vernunft das Hauptkriterium aller Entscheidungen und Erkenntnisse des Menschen sei oder sein könne. Zumindest ist uns von keinem solch mutigen Meinungsbilder überliefert. Der Mensch traf zwar immer wieder auf seine Vernunft, benutzte ihre Dienste und war mit ihr vertraut – andererseits aber erkannte der Mensch die große Rolle und die Möglichkeiten der Vernunft nicht oder er konzentrierte sich nicht darauf, das Phänomen der Vernunft selber zu begreifen. Der Moment, als diese Gedanken einen festen Platz in unserer Geistesgeschichte gefunden haben, wurde gleichzeitig der Beginn der Geschichte der Philosophie. Erstmals in seiner Historie traute der Mensch sich selber etwas zu und konnte sich allein auf sich selbst verlassen. Er zog sich vor Unerklärbarem nicht länger demütig zurück.

Davor wurde die Erklärung stets auf das Niveau der Transzendentalität gehoben. Jedes Naturwunder hatte seine Quelle in einer sakralen Sphäre. Für jeden Teil des Lebens war ein Gott verantwortlich. Die Griechen aber machten einen kleinen, jedoch gleichzeitig Epoche machenden Schritt im menschlichen Denken: Sie begannen, Erklärungen auf ausschließlich rationale Weise zu suchen. Man kann diese Denkart annehmen oder ablehnen, jedoch existiert sie als Alternative seit der Entstehung der Philosophie in Griechenland stets als Folie des Denkens.

Für uns ist es heute schwierig zu verstehen, welch großen Durchbruch das bedeutete. Statt des Glaubens, der Mythen und der Mysterien sollten die Menschen ausschließlich ihrem Verstand trauen. Den Beginn des philosophischen Denkens schätzen Wissenschaftler auf das 7. bis 6. Jahrhundert vor Christus. Seit dieser Zeit sind wir nicht mehr nur Menschen des Mythos', sondern auch Menschen der Vernunft. Ob wir wollen oder nicht. Wir können zu unserem vorphilosophischem Zustand nicht zurückkehren.

Wenn wir unserer Vernunft gerne vertrauen, macht uns das - bewusst oder unbewusst, gewollt oder ungewollt - zu einem Philosophen. Vor der Philosophie kann man nicht weglaufen. Genauso wenig wie vor der Liebe. Sicher nicht ohne Grund hat Pythagoras seine Tätigkeit mit dem Wort „Philosophie" bezeichnet. Er fügte die Worte zu einem zusammen, gewiss auch in der Erkenntnis, dass die Liebe zum Wissen, wie jede Liebe, nicht einfach ist.

Oft beweisen es auch die Schicksale der alten Philosophen selber, an das auch das Los der Letlane erinnert. Menschen, die nur ihrer Vernunft vertrauen wollten, zogen die Anschuldigung der Gotteslästerung auf sich. Sie galten für den Staat als Schädlinge. Wer sich nicht so harmlos „zähmen" ließ wie die kleine Letlane, der kam in Schwierigkeiten, jedoch nicht immer. Das kleine Mädchen meiner Geschichte unterscheidet sich von den ersten Philosophen dadurch, dass die Philosophen anerkannt wurden - auch wenn sie wegen ihrer Überzeugungen die Verbannung oder sogar Tod traf. Sie wurden nie vergessen. Sie hatten das historische Glück, oder vielleicht besser gesagt, wir haben das Glück, dass sie nicht in Vergessenheit gerieten. Man kann lange spekulieren, warum die Akzeptanz dieser revolutionären Überlegungen gerade an jenem Ort und zu jener Zeit möglich war. Fakt bleibt, dass es der Fall war.

Thales, Pythagoras, Empedokles, Heraklit oder Demokrit beobachteten Naturerscheinungen und ihre

Mitmenschen, und sie sahen, was allen anderen entging. Sie waren fähig, zu sehen, weil sie von einem anderen Standpunkt aus schauten, unter einem anderen Blickwinkel. Und plötzlich wurde ein Gott zu einer Naturkraft oder einem Element. Der Streit zwischen Göttern wurde die „Rückwirkung zwischen Elementen" genannt und ein geheimnisvolles Wunder wurde zu einer prosaischen Erscheinung, die Gegenstand einer Analyse sein musste. Dieser Wechsel des Blickwinkels war die wahre Revolution. Es ist überraschend zu beobachten, wie ähnlich die ersten philosophischen Theorien den vorphilosophischen Vorstellungen der Griechen waren, die sich in den Mythen ausdrückten. Die ersten Naturphilosophen übersetzten die Sprache des Mythos' in die Sprache der damaligen „Wissenschaft". Geändert hat sich die Einstellung des Beobachters zu den zu beobachtenden Fakten und der Sprache, mit der das Naturphänomen beschrieben wird. Von der Dichtung kamen sie zur kühlen Analyse. Und damit haben sie die bis heute dauernde Geschichte der Philosophie begonnen.

Ich bin überzeugt, dass in jedermanns Leben, sogar bei einem Kind, die Geschichte der Philosophie in dem Moment beginnt, an dem man einen gewohnten Standpunkt ändert. Wie schwierig es ist, seine Einstellung zu den Dingen zu ändern, auf Problemstellungen von einem anderen Standpunkt aus als dem gewohnten zu schauen, weiß jeder, der jemals Lebenskrisen überwinden musste. Die Entdeckung, dass Probleme von anderen anders betrachtet werden können, dass es überhaupt andere, durchaus berechtigte Blickwinkel gibt, die anders als unsere eigenen sind, das war seinerzeit so und ist auch heute noch ein Schlüssel zur Philosophie. Ich hoffe, dass Sie, der Leser, vielleicht eine der kleinen Geschichten als einen Anhänger an Ihren „Schlüssel" hängen werden?

Man hört oft den Vorwurf, die Philosophie sei von keinerlei Nutzen. Kann die „Philosophie" Grundlage für einen Beruf sein? Liefert sie etwas Praktisches, produziert sie etwas? Was könnte ein Philosoph produzieren? Eigentlich sollte ein Philosoph Gedanken produzieren - er muss „klug von Beruf" sein.

Er soll also philosophieren. Was heißt jedoch „philosophieren", und ist es nützlich, wenn man es tut? Sind alle die Bücher, die jährlich zum Thema Philosophie erscheinen - wie auch dieses - „die Philosophie"? Eher nicht. Sind „Philosophie" demnach lediglich die Worte, die sich als Wahrheit erweisen? Bestimmt nicht. Zumal diese Formulierung an sich schon nicht sehr „philosophisch" ist. Denn man müsste zuvor den Begriff „Wahrheit" definieren. Philosophiert man also auch, wen man sich irrt? Wäre dann der potenzielle Irrtum ein gleichberechtigtes Produkt der Philosophie wie die Wahrheit? Lauter Fragen.

Der Begriff „Philosophieren" lässt sich nicht einfach fassen und in einer Schublade ablegen. Dass ein Philosoph „denkt", ist nicht gerade eine neue Welterkenntnis. Ich möchte mich einer viel einfacher scheinenden Frage widmen.

Kann man, soll man - oder besser noch - darf man Gedanken produzieren und verkaufen? Ist die „erhabene Dame Philosophie" dazu berufen, Geld anzuschaffen? Und wenn man diese Fragen schon bejaht - gibt es für solch eine Ware Käufer?

Schon kurz nach den Anfängen der Philosophie stellte man sich Fragen zur Struktur, der Berechtigung und dem Ziel des philosophischen Denkens. Man fragte auch nach den korrekten Kriterien des Philosophierens oder nach einer Garantie für die Korrektheit von

Denkschlüssen. Irgendwann stellte sich auch die Frage nach dem Nutzen und dem Verkauf.

Diese Überlegungen wurden parallel mit der Entstehung der Logik diskutiert. Die selbstanalytische Strömung der Philosophie lag ihrer Entstehung zu Grunde. Die Geschichte des Begriffs der „Logik" begann in Griechenland zwischen dem fünften und vierten Jahrhundert vor Christi Geburt. Zu dieser Zeit orientiert sich das Interesse der griechischen Philosophen auf eine neue, bisher nicht im Mittelpunkt stehende Problematik. Philosophen wie Thales oder Pythagoras hatten bereits die Welt der Naturphänomene entzaubert. Nun stand vor den Philosophen ein neues, großes, ungelöstes Problem - der Mensch selber. Genauer gesagt: die Problematik der menschlichen Vernunft und der Denkweise. Wie denkt ein Mensch? Was motiviert ihn zu seinen Handlungen? Inwiefern ist er ein soziales Wesen und inwiefern kann er sein soziales Verhalten steuern? Das waren die Fragen der damaligen Zeit. Und sie bleiben bis heute aktuell.

Das allgemeine Wachstum des Interesses an der „Philosophie der Sprache" wurde durch die politischen Verhältnisse in der Griechischen Polis stark stimuliert. Die Demokratie benötigte gute Redner. Und wo ein politisches Spiel zu gewinnen war, da waren auch die Demagogen gefragt. Rhetorik und Logik waren damals so gefragte Richtungen in der Ausbildung wie heute „Public Relations" und die Werbung. Und, was gefragt ist, wird auch angeboten. Auf diese Nachfrage reagierten die Sophisten*[4] und die Megariker*. Im Streit, und damit eben auch in Verbindung mit dieser intellektuellen Strömung, entwickelten sich die zukünftigen Gedanken des Sokrates. Einen weiteren Schritt in der Entwicklung der Logik machte Platon, der als Begründer der Dialektik gilt.

---

[4] Die Erklärungen der mit * gekennzeichneten Worte finden Sie am Ende des Buches.

Die Mechanismen des Denkens zu analysieren, scheint immer noch eine der wichtigsten Aufgaben der Philosophie zu sein. So dachten auch die Sophisten[5], machten jedoch dazu eine wichtige Anmerkung: Nicht die Wahrhaftigkeit einer These entscheidet in der Praxis, ob sie überzeugend ist, sondern die Argumente und Methode, wie man diese These vermittelt. Von dieser Beobachtung machten sie praktischen Gebrauch. Sie lehrten zu argumentieren und zu überzeugen, ungeachtet dessen, was man für wahr erachtet. Das beste Beispiel dieser Methode und ihres Ziels gibt eine beliebte rhetorische Übung: Der Schüler muss dabei zwei Reden vorbereiten und in jeder von diesen zu zwei widersprüchlichen Thesen ebenso überzeugende Argumente liefern.

Um ihre Ziele zu erreichen, befassten die Sophisten sich mit der Analyse des Satzes, der Analyse der Sprache und der Argumentation. Sie waren Rhetoriklehrer, die gelernt hatten, wie man seine Zuhörer überzeugen und auf seine Seite ziehen kann. Sie beschäftigten sich auch mit den Fragen, denen sich heute so moderne Wissenschaften wie die der Soziologie und der Psychologie widmen. Trotz oder eher dank ihrer ethischen Ambivalenz waren die Sophisten interessante Forscher im Bereich der Logik und der Sprachanalyse. Mit großer Scharfsichtigkeit beobachteten sie die menschliche Natur und die Mechanismen unseres Denkens und die Art zu reagieren. Die Mitmenschen der Sophisten hielten sie einfach nur für klug und wollten von ihnen lernen. Für die Menschen dieser Zeit war die Nützlichkeit der Philosophie unbestritten. Doch auch der Bereich der Philosophie, der sich mit keinem Naturphänomen beschäftigte, sondern mit reinen Abstraktionen wie der Analyse der

---

[5] Die ersten von ihnen (zum Beispiel Protagoras) betonten besonders die moralischen Qualitäten des Politikers, den sie erziehen wollten.

Sprache, der Logik und der Ethik wurde eindeutig als nützlich angesehen. Für den schlechten Ruf der Sophisten in der Antike sorgte ausschließlich die Tatsache, dass sie sich für ihre Künste bezahlen ließen. Die Lehre der Sophisten galt als allgemein nützlich. Die Sophisten machten sie jedoch zusätzlich für sich selber rentabel.

Bis zur Zeit der Sophisten war das Wissen eine edle Gabe, die der Lehrer seinen Schülern in fast sakraler Atmosphäre überlieferte. Die Sophisten reagierten auf gewisse „Marktbedürfnisse" und machten ihre ursprünglich edle Wissenschaft käuflich. Sie haben also das geschaffen, was die heutige, pragmatische Vorstellung über die Effektivität von der Philosophie verlangt. Sie legten die Basis für eine Methode, Gedanken zu „produzieren" und konnten diese Gedanken wie auch die Methode gut vermarkten. Die Menschen in der Antike empfanden dies jedoch nicht unbedingt als „Marketing-Erfolg". Eine Verbindung zwischen Philosophie und Handel war in der damaligen Zeit eine anstößige Mesalliance*.

Sie fragen sich vielleicht, was der naive, junge Mann mit seinem Esel aus meiner Geschichte mit all' dem zu tun hat? Meine Geschichte ist frei erfunden, einen Sophisten namens Gorgias* gab es jedoch wirklich. Und er reiste tatsächlich im Jahr 427 v. Chr. von Sizilien nach Athen. Er war Redner und Rhetoriklehrer und hatte sich um die Entwicklung der Logik äußerst verdient gemacht. Seine Spezialität waren besondere rhetorische Figuren, die nach ihm „gorgianische Figuren" genannt werden, wie zum Beispiel die Antithese und rhythmisch gestaltete Satzschlüsse - die Klauseln. Auch die heutigen Politiker benutzen noch die überzeugende Wirkung seiner Methoden. Im Rom der Antike war Gorgias' Lehre ein „Muss". Mit ihm als Widerpart waren seine Gesprächspartner absolut wehrlos. Wie er darauf kam, blieb sein Geheimnis.

War es vielleicht so, wie ich es mir in meiner Geschichte vorgestellt habe? Wie Gorgias auf seiner Reise mit dem alten Bauern hat auch die Philosophie durch die Sophisten ihre intellektuelle und ethische Unschuld verloren.

Waren die Sophisten also nur käufliche Redner und die Logik selbst nur eine sehr gut durchdachte Technik des Betrugs? Gewiss nicht. Die Denkart der Sophisten hatte als Hintergrund ein System von festen und für die damalige Zeit revolutionierenden Überzeugungen. Sie trugen sehr wichtige Beiträge nicht nur zur Rhetorik oder der Logik, sondern gerade zur Ethik bei. Nehmen wir zum Beispiel Protagoras* aus Abdera, der mit Euripides* und Perikles*, den größten Persönlichkeiten seiner Zeit, befreundet war. Er hatte den Mut, im fünften Jahrhundert vor Christus zu schreiben, dass der Mensch das Maß aller Dinge sei[6].

Seine Werke wurden in Athen wegen ihres atheistischen Inhalts öffentlich verbrannt. Er starb um 415 v. Chr. auf der Flucht wegen einer ähnlichen Anklage wie später bei Sokrates: Er wurde der Gottlosigkeit beschuldigt. Das aber ist schon wieder eine andere Geschichte …

---

[6] In seinem Hauptlehrsatz, „Homo-mensura-Satz" genannt: „Der Mensch ist das Maß aller Dinge."

„Warten"

Sokrates hat nichts Schriftliches verfasst. Er lehnte das geschriebene Wort ab. Gedanken wie auch ein Gespräch seien ein lebendiger Prozess. Seine Überzeugung war: Wer sie niederschreibe, würde ihnen ihr Leben nehmen. Damit deklarierte er sich zum „Philosophen des Dialogs" und die Geschichte gab ihm Recht. Hiermit machte er sich jedoch für alle, die nicht das Glück hatten, ihm auf den Straßen Athens zu begegnen, unerreichbar. Wir können also nur der Darstellung glauben, die uns Platon und andere Zeitgenossen des Sokrates von ihm überliefert haben. Ob man gerade Platon in diesem Punkt Glauben schenken sollte, ist fraglich. Er war Sokrates' Schüler, der seinem Lehrer zum Trotz dennoch schrieb. Er flocht Sokrates zugeschriebene Worte in seine Dialoge, die seine eigene Meinung beinhalteten. Und er betrieb Schönfärberei, von der man nicht weiß, wie nah sie dem Original kommt. Auch an anderen Überlieferungen über Sokrates, die mit der Vision Platons nicht immer übereinstimmen, ist Zweifel angebracht. Zum Beispiel kritisierte ihn Aristophanes und verspottete Sokrates in seinem Theaterstück mit dem Titel „Die Wolken" als einen Sophisten im schlechtesten Sinn des Wortes. Nehmen wir jedoch einmal an, dass wir ihm glauben können, und schauen wir uns Sokrates so an, wie er sich in den Dialogen zeigt, die von seinem Schüler aufgeschriebenen wurden.

Mit dieser gedanklichen Vorgabe möchte ich Sie zu einem Experiment einladen – zu einem sehr eigenwilliges, vielleicht auch boshaft gemeintem. Probieren Sie aus, wie Sokrates zu hinterfragen und zu argumentieren. Wozu? Einfach um zu sehen, ob die Methode wirkt und wie sie wirkt.

Sokrates sprach laut und deutlich über seine Methode - er veröffentlichte sozusagen seine „Geheimwaffe".

Er nannte diese Methode der Diskussion die „Mäeutik"*, die uns als die „sokratische Methode" oder „sokratische Ironie" bekannt ist. Meine folgende Beschreibung der Methode des Sokrates scheint mir selber ein wenig „experimentell", jedoch gibt es hierzu Quellen, die meine Ansicht unterstützen, wie das in diesem Jahr publizierte Buch von Ekkehard Martens[7].

Im Prinzip kann man diese Methode in drei Stufen unterteilen. Als erste kommt die Ironie:

Man stellt sich selbst als einen Unwissenden dar und bittet den Gesprächspartner um eine Erklärung eines Begriffes. Die Frage ist scheinbar einfach. Jeder bemüht sich um Antwort. Durch eine Serie von Fragen zeigt man dem Gesprächspartner, dass in seiner Antwort Widersprüche stecken. Oder man führt sein Gespräch mit ihm so, dass er diese verborgenen Widersprüche laut äußert. Man will bei seinem Gesprächspartner einen Zustand des tatsächlichen Nichtwissens erreichen. Er soll sich verwirrt und verloren fühlen. Das alles jedoch nur zu dessen Guten. Wie bei einer Geburt: Erst kommen die Schmerzen und dann das Kind.

Jetzt kommt die Stunde für die Intervention der intellektuellen Hebamme - die Induktion*. Genauso wie den kleinen Kindern anhand von Beispielen des Alltags gezeigt wird, was richtig ist. Durch eine weitere Serie von Fragen ist der Angesprochene gezwungen, anhand dieser Beispiele die richtigen Schlüsse zu ziehen. Sokrates verlangt und arbeitet auch eine Definition heraus. Nun geht er von den einfachen Beispielen zum Abstrakten über. Der Gesprächpartner des Sokrates kapituliert und definiert so, wie es sich die „Hebamme" von Anfang vorgestellt hatte.

Sokrates sagte seinem Gegenüber ganz genau, wie das funktioniert. Und dennoch gewann er immer. Er betonte, dass er der Wahrheit helfen würde, ans Tageslicht zu kommen. Und das tat er tatsächlich. Sokrates erfüllte die Rolle einer Hebamme. Nahmen je-

---

[7] Ekkehard Martens, „Sokrates", Reclam Verlag, Ditzingen, 2004

doch seine Gesprächpartner die neu geborene Wahrheit mit solcher Freude auf, wie eine Mutter ihr gerade geborenes Kind? Ich wage daran zu zweifeln. Die Antwort auf diese Frage ist wahrscheinlich davon abhängig, was man von der menschlichen Natur hält. Und Sokrates was eben ein Optimist.

Aber zurück zu dem Experiment, das ich Ihnen vorgeschlagen habe. Ob es gelingt, kann ich nicht vorhersagen. Ich muss dazu ein wenig Ihre und meine Fantasie benutzen.

Stellen wir uns vor, wir treffen Sokrates bei uns auf der Straße irgendwo zwischen dem Käseladen und der Bäckerei. Käse und Brot gab es schon zu seiner Zeit wie auch Straßen und eilige Passanten. Wir können uns also Sokrates mitten im Alltagsleben vorstellen, das sich im Grunde seit damals nicht viel geändert hat. Kurzum - wir treffen ihn. Er hält uns an, spricht zu uns und vielleicht hält er uns sogar am Ärmel unseres Mantels fest. Als Bürger derselben Ortschaft wissen wir, wer er ist. Von seinen Gesprächen mit Passanten haben wir ebenfalls gehört - es wird ja schließlich genug darüber geredet. Die Publizisten beschrieben Sokrates als Sophisten im schlechtesten Sinn des Worte, als einen Demagogen. Und Talente wie Aristophanes schrieben sogar Komödien darüber, so dass die ganze Stadt weiß, worüber sie lacht.

Aber jetzt sind wir dran. Sokrates spricht und wir schenken ihm einen „objektiven und unbefangenen" Blick: Er ist unrasiert, seine Kleidung hat schon bessere Zeiten gesehen und auch der Wein vom vergangenen Abend lässt sich immer noch gut riechen. Er erinnert uns etwas an Inspektor Columbo, nur dass wir nicht der Verdächtige sind. Oder doch? Unser Kind an der Hand und die vorbeieilenden Nachbarn schauen mit frisch erwachtem Interesse, was wohl geschehen wird. Mancher beginnt bereits, innerlich zu kichern. Sie bilden einen Kreis um uns und haben plötzlich keine Eile mehr.

Sokrates weiß genau, mit wem er spricht. Er kennt unsere Schwächen und ist im Gegensatz zu uns zu einem Wortgefecht ausgezeichnet vorbereitet. Und Sokrates fragt. Er stellt irgendwelche, scheinbar unschuldige Fragen. Wir tun unser Bestes - aber er führt uns trotzdem an der langen Leine. Früher oder später durchschauen wir das. Aber schon stecken wir in der Falle und können nichts dagegen tun. Oder wir rennen blind wie die Lemminge über die Klippen in unser Verderben. Und danach hat unser Ort ein neues Gesprächsthema.

Wir verbringen einen melancholischen Abend bei Weinschorle und verhängten Fenstern. Und Sokrates hat ein neues Beispiel, das seine Schüler mit Vorliebe zitieren. Und wofür hat er ein Beispiel? Es ist ein Beispiel für die treffende Analyse des Wortes, für die Effektivität seiner Methode ... und so weiter.

Ist diese Vorstellung vielleicht falsch, zu kleinlich, zu provinziell? Möglich, dass die ganze Unterstellung nur eine sophistische Wortspielerei ist.

In seinem Prozess hatte Sokrates 501 Richter: alle gerechte Bürger Athens, alle per Los unter den Bürgern über dreißig Jahren ausgewählt. Ganz normale Menschen wie Sie und ich. Warum haben dann fast alle ihm nur das Schlechteste gewünscht? Wie hatte er sich so viele Menschen zu Feinden gemacht?

Natürlich hatte er nicht alle, die zu seinen Ungunsten stimmten, durch seine Mäeutik beeinflusst. Aber viele von ihnen hatten den innerlichen Wunsch, Sokrates schwache Punkte auch einmal für sich zu nutzen. Und Sokrates hatte schwache Punkte! Viele davon waren Dank seiner beredsamen Frau in Athen bestens bekannt. Einige davon habe ich in dem ihm gewidmeten

Märchen erwähnt. Er hatte jedoch auch, zumindest in den Augen seiner Richter, noch andere, schwerwiegendere Schwachstellen.

Man kann sicher nicht die kleinen Blamagen auf den Straßen Athens für ein Todesurteil wegen Gotteslästerung schuldig machen. Was also warf auf Sokrates solch einen Schatten, dass die Richter den schlauesten Bürger Athens verurteilten? Von Platon erfahren wir darüber nichts. Dieser war jedoch nicht der einzige Zuhörer Sokrates', und wahrscheinlich schien er im Jahr 399 v. Chr. auch nicht der wichtigste unter ihnen gewesen zu sein. Sokrates hörten auch Alkibiades*, der talentlose, jedoch von sich selbst überzeugte Befehlshaber und doppelte Verräter, wie auch Kritias*, einer der Tyrannen nach dem peloponesischem Krieg*, zu. Beide erwiesen sich später als besonders habsüchtig, rücksichtslos und blutrünstig. Sokrates' Fehler war, dass er seine Methode zu diskutieren in die Hände von Menschen legte, die diese gegen die Stadt und ihre Bürger gnadenlos ausnutzten.

Die Bibel lehrt uns, ob ein Baum gut oder schlecht ist, nach dessen Obst zu beurteilen. Die Athener taten nichts anderes. Warum wies der große Menschenkenner derartige Schüler nicht von sich? Warum nahm er sie in sein näheres Umfeld auf? Und warum konnte er sie nicht zu Gutem führen? Diese Fragen bleiben offen. Und so muss man vermuten, dass Sokrates' Methode lediglich in der Theorie funktionierte, und dass er in der Praxis ein paar psychologische Feinheiten übersah?

Auf diese Frage muss jeder auf eigenes Risiko eine Antwort finden. Vielleicht kann das vorgeschlagene Experiment dabei ein wenig helfen? Versuchen Sie es! Probieren Sie im Gespräch die „sokratische Methode" aus: Vielleicht jedoch besser nicht bei Freunden, die Sie noch eine Weile behalten wollen …

Wir haben in Polen ein Sprichwort, das lautet: „Das Bessere ist ein Feind des Guten." „Was für ein Defätismus*", dachte ich jedes Mal, wenn meine Mutter das immer wiederholte. Jedoch gerade in der jüngsten Geschichte meines Landes scheint dieses Sprichwort seine Bestätigung zu finden. Man versuchte in Polen „das große Experiment" einzuleiten: Eine politische Utopie sollte im Namen der allgemeinen Verbesserung in die Praxis umgesetzt werden. Mit miserablen Resultaten.

Jetzt, da wir uns bereits ein postkommunistisches Land nennen dürfen, glaubt niemand mehr an die verlockenden Utopien[8] von Marx und Engels. Die erlebte ich noch im Unterricht in der Rolle philosophischer Autoritäten. Ihre Autorität ging gemeinsam mit dem Niedergang des Systems zu Grunde. Mit ihr jedoch nicht die menschliche Neigung, immer wieder neue Utopien zu konstruieren und an sie zu glauben.

Die Idee von der „Weltverbesserung" ist allen Idealisten der Welt von den religiösen Fanatikern bis zu den Antiglobalisten gemeinsam. Immer wieder meldet sich in der Geistesgeschichte Europas dieses erhabene Motiv zu Wort: vom Heiligen Augustinus mit seiner „De civitate dei"*, über Thomas Morus mit seiner „Utopia" und Jean Jacques Rousseau* mit dem Postulat der Rückkehr zur Natur und seines „Gesellschaftervertrags" bis hin zu den ersten Sozialisten - darum „utopische Sozialisten" genannt - wie Saint-Simon* oder Charles Fourier*. Kaum jemand achtete auf die stets wiederholten Warnungen, die die dunkle Seite

---

[8] Das Wort „Utopie" wurde von Thomas Morus durch den gleichlautenden Titel seines Hauptwerkes eingeführt. Es bedeutet „Nirgendwo-Land" wie auch Idealstaat. Das Wort machte seitdem Karriere und ist auch anachronistisch verwendet worden, um „Utopien" zu beschreiben, die zeitlich weit vor Thomas Morus liegen.

der menschlichen Natur - wie in der Vision des Autors von „Leviathan", Thomas Hobbes* - demaskierten.

Im 20. Jahrhundert, in dem die Umsetzung der wirklichkeitsfernen Träume eines Wunschlandes in die Realität Millionen von Menschen Gefängnis und Verhängnis wurde, entstand als Warnung sogar eine neue Richtung in der Literatur. Aus bitterer Erfahrung gelernt oder von prophetischer Intuition inspiriert, schrieb man „Anti-Utopien". Autoren aus verschiedenen Kulturkreisen erkannten die Gefahr, prophezeiten sie. Der „Homo Sovieticus" Evgenii Ivanovich Zamjatin* in seinem Buch „Wir", der im indischen Motihari geborene George Orwell* - ein knirschendes Zahnrad in der britischen Kolonialmaschinerie - mit seinem Buch „1984" oder Aldous Huxley* mit der erschreckenden Vision „Schöne neue Welt" warnten eindringlich.

Mit wem aber und wann begann dieser ideologische Marsch ins „Nirgendwo-Land"?

Erste Projekte einer perfekten Gesellschaftsordnung entwickelten bereits die Pythagoräer*. Das Schicksal ihrer Kolonie in Kroton*, die von einer philosophischen Elite regiert wurde, später durch einen Volksaufstand fiel, sollte als Warnung gelten. Es diente jedoch eher als Inspiration. Die Feststellung von Alfred North Whitehead, dass die philosophische Tradition Europas aus einer Reihe von Fußnoten zu Platon bestehen würde[9], ist auch hier sehr treffend. Platon entwarf eine politische Utopie, die sich als sehr einflussreich erwies. Alle, die später der Idee einer perfekten, rationell gesteuertem Verfassung folgten, waren auf eine gewisse Art und Weise Platoniker.
Platon schrieb die „Politeia" - zu deutsch „Der Staat". Als Erster in der Geschichte der Philosophie stellte er

---

[9] Alfred North Whitehead, "Prozess und Realität", Suhrkamp Verlag, Frankfurt/M., 1987

sich die Aufgabe, die Verhältnisse der Gesellschaft zu reformieren und rational zu gestalten. Er wollte ein ideales Muster für alle menschlichen Gemeinschaften finden.

In seiner Lehre vom Idealstaat erhebt Platon die ethische Forderung, dass Macht stets mit Geist gepaart sein müsse. Zwischen den drei Ständen des idealen Staates - das heißt Philosophen, Soldaten und erwerbstätiges Volk - solle ein harmonisches Verhältnis herrschen. Und wie konnte man diese Harmonie erreichen? Platon hatte dafür eine konkrete Antwort: Am besten sollte die besonders geschulte Elite der Philosophen regieren. Die platonische Ideenlehre hat auch die Lehre vom Idealstaat beeinflusst. Die Philosophen erfüllten das platonische Ideal des Menschen, also seien sie auch zur Herrschaft berufen.

Die Struktur des Staates sei, so meinte Platon, gleich der Seele des Menschen. Der Mensch sei gerecht und glücklich, wenn alle Teile seiner Seele harmonierten. Genau dasselbe solle in der bürgerlichen Gesellschaft realisiert werden. Jeder der zuvor genannten drei Stände müsse seine kardinalen Tugenden verwirklichen. Die Dreiteilung der Seele und die der Gesellschaft entsprächen einander. Die Vernunft, der unsterbliche Teil der Seele seien in der Gesellschaft die Herrscher, die Philosophen. Den zwei weiteren Teilen der Seele, Wille und Begierde, entsprächen in der Gesellschaft die Soldaten und die Erwerbstätigen. Um sich vollkommen auf die Selbstbeherrschung und den Staat konzentrieren zu können, sollten die Philosophen keine Familie und kein Privateigentum besitzen.

In Platons Staat war alles durchdacht und vorgeplant. Die „destabilisierenden", sozialen Elemente - wozu Platon zum Beispiel die Dichter zählte - sollten vom Staat eliminiert werden (Was allerdings in scharfem

Kontrast zu seinem eigenen künstlerischen Wirken und Können als Dichter stand). Er schuf ein Projekt der absoluten Dominanz des Staates über das Individuum. Man kommt nicht umhin, es mit dem Wort „totalitär" zu bezeichnen. Das heißt, er wollte den Bürgern des Idealstaates die Freiheit nehmen. Die platonische Lehre vom Idealstaat liegt allen späteren Versuchen, einen idealen Staat als theoretisches Konstrukt zu errichten, zu Grunde.

Platons Ideenlehre sollte nach der Intention seines Schöpfers, nicht als theoretisches Beispiel dienen, sondern in die Praxis umgesetzt werden. Er unternahm immer wieder Versuche, das in „Der Staat" geplante Projekt zu realisieren. Er versuchte bis ins hohe Alter Dionysios II., den Herrscher über Syrakus, dessen Erzieher er in jungen Jahren war, für seine Staatsideale zu gewinnen. Was ihm - zum Glück - nicht gelang. Auch dafür haben wir in Polen ein Sprichwort. Man sagt: „Die Hölle ist mit guten Absichten gepflastert."[10]

Trotz des Bewusstseins der historischen Erfahrung werden jedoch immer noch neue Utopien geschrieben. Auch von jenen Philosophen, die alle früheren scharf kritisieren. Und die Philosophie in ihrer Unbescheidenheit maßt sich immer noch an, die Rolle eines Vermittlers zu spielen und das Recht inne zu ha-

---

[10] Den guten Absichten fallen immer Unschuldige zum Opfer wie die Kinder von Rousseau, die in einer Armenanstalt leben mussten, während der Vater an einem der vornehmsten Höfe der damaligen Zeit die Welt reformierte. Selbst die bodenständigste der Künste, die Architektur, lässt sich von dieser Idee verwirren. Das werden alle bezeugen, die ihre Überlebenskunst in den „Wohnmaschinen" von Le Corbusier erproben mussten. Auch für jene sieht es schlecht aus, die in den Wohnsiedlungen Sibiriens leben müssen, die genauso wenig menschlich sind wie die identischen, von Niemeyer projektierten Wohnsiedlungen im tropischen Brasilia.

ben, die Welt besser zu gestalten[11]. Ist diese Tendenz unausrottbar?

Lieder nicht. Als Kommentar möchte ich eine „Fußnote zu Platon" zitieren. Immanuel Kant schrieb in Bezug auf den platonischen Idealstaat: „Dass Könige philosophieren oder Philosophen Könige würden, ist nicht zu erwarten, aber auch nicht zu wünschen, weil der Besitz der Gewalt das freie Urteil der Vernunft unvermeidlich verdirbt.[12]"

---

[11] Ich spiele hier auf die Rolle an, die Jean-François Lyotard dem Philosophen zugeschrieben hat. (Vgl. Jean-François Lyotard, „Der Widerstreit", Wilhelm Fink Verlag, München,1989.)
[12] Immanuel Kant: „Der Streit der Fakultäten", Werke in 10 Bdn., hrsg. von W. Weischedel. Darmstadt 1968 (1983). Bd. 9, S. 228

„Schar"

Was ist das - das Gewissen? Das Wörterbuch schlägt uns als Antwort „ein ethisches Verantwortungsbewusstsein" vor, das von den Philosophen einerseits und den Psychologen andererseits auf sehr unterschiedliche Weise definiert wird. Also hilft uns das an dieser Stelle wenig weiter.

Gibt es objektiv gesehen so etwas wie ein „Gewissen" oder ist dieses nur ein intellektuelles Konstrukt? Auf diesen Zweifel hin könnte unser eigenes Gewissen antworten: „Ich beiße, also bin ich!"[13] Und wenn sich derartige Gewissensbisse rühren, wird es auch für den „Inhaber des Gewissens" schwierig, ungerührt zu bleiben. Vielleicht bemühten sich deshalb Philosophen, Gesetzgeber, Theologen und Politiker aller Zeiten, das Geheimnis der inneren, ethischen Gesetze zu erforschen oder sogar zu versuchen, die inneren Gesetze ein wenig zu modifizieren.

Verlassen wir diese metaphysische Diskussion und legen die wahre Natur des Gewissens - was es auch sein mag - bei Seite: ob es nun ein Super-Ego*, Daimonion* oder die Stimme eines Gottes ist. Ich möchte diesen alten, harten Kuchen von einer anderen Seite „anbeißen". Zwackt das Gewissen eigentlich immer aus denselben Gründen? Gibt es bei einem, der seinen Pinscher auf der Fußmatte des Nachbarn Gassi gehen lässt, dieselbe innere Stimme wie bei mir, die zwackt, es zu unterlassen? Oder hat er ihr gegenüber Watte in den „inneren" Ohren?

Und wie sah es mit dieser inneren Stimme bei den Griechen der Antike, den Azteken, den Römern oder den ersten Christen aus? Eine faszinierende Frage - die sich auch viele Philosophen stellten.

---

[13] Wenn ich das „cogito ergo sum" - Ich denke, also bin ich - von Descartes* so „abwandeln" darf.

Wovon ist unser Gewissen abhängig? Diese Frage stellt man sich nicht nur an den Universitäten sondern vielleicht noch viel öfter im Alltag, weil es die Frage um die Regeln unseres sozialen Verhaltens, unseres Zusammenlebens ist. Es ist sehr wichtig zu wissen, warum ich Gut und Böse anders empfinde als meine Freunde, mein Ehepartner oder auch der Nachbar im Flugzeug, der eine andere Kultur repräsentiert. Es geht um die Kriterien des ethischen Urteils. Gibt es dazu allgemein menschliche Kriterien oder sind wir zu einem hoffnungslosen Relativismus* verurteilt?

Heutzutage ist diese Frage besonders aktuell. Ein in einer geschlossenen Gesellschaft lebender Mensch konfrontiert sich nicht allzu oft mit einander widersprechenden Weltanschauungen. Er lebt geborgen in seinem Kulturkreis, seinen Sitten, in seinem Glauben. Weiß bleibt weiß und schwarz bleibt schwarz. Solche isolierten Gesellschaften gehören der Vergangenheit an. Ideologien stoßen immer wieder aufeinander, in manchen Epochen jedoch deutlicher als in anderen. Marius und Marcus aus meiner Geschichte lebten wie wir heute in einer solchen Zeit.

Das, was für uns selbstverständlich klingt, wird immer öfter mit den Ansichten von Fremden konfrontiert, die total anders denken. Die heutigen Philosophen sprechen über einen unüberwindbaren Unterschied zwischen Rationalitäten, die einen Konsens* unmöglich machen, über eine Paradigmenpluralisierung[14].

Der nicht philosophisch ausgebildete Mensch bleibt verwirrt. Gleich, ob es um die großen ethnischen Konflikte oder um das triviale Problem mit dem Besitzer

---

[14] Die oben genannten Begriffe stammen aus den Werken von W. Welsch, J. F. Lyotard, J. Habermas. Die Quellen dazu finden Sie in der Bibliografie.

des Pinschers geht. Man kann immer wieder ganz naiv fragen: „Und was ist mit dem Gewissen?"

Wir greifen also wieder zum Wörterbuch. Dort steht zum Thema „Gewissen"[15], dass wir „psychologisch gesehen" unbewusst unsere Handlungen mit angelernten Normen vergleichen. Das ist also das „Geheimnis des Gewissens": Es reduziert sich auf die angenommene „Dressur"[16]. Und dressieren - oder milder gesagt erziehen - kann man auf sehr verschiedene Weise. Diese Auslegung von „Gewissen" beraubt uns eines intersubjektiv geltenden Anhaltspunktes. Aber gerade nach einem für alle geltenden Kriterium sehnen wir uns. Ist diese Suche neu? Ist sie ein besonderes Merkmal der heutigen Zeit? Dieser Eindruck ist gewiss falsch.

Bereits im 5. Jahrhundert vor Christus sprach der Philosoph Sokrates über das intersubjektive Gewissen. Im Namen seiner unerschütterlichen, weil seiner Ansicht nach objektiv begründeten, ethischen Überzeugungen, nahm er im Jahr 399 v. Chr. den Giftbecher. Gerade Sokrates* hat sich oft auf eine innere Stimme berufen, die ihm sagte, was schlecht sei. Diese Stimme hielt er für seinen Schutzgeist und er nannte sie „Daimonion", die Stimme des Gewissens. Manche halten das für eine Lücke in seinem Rationalismus. Das Gewissen verstand Sokrates jedoch nicht als etwas Individuelles - so wie es die Sophisten meinten - sondern als Erscheinung einer ordnenden Macht des Weltalls. Daimonion war die letzte Instanz bei ethischen Entscheidungen und diese Entscheidung war universal. Die Stimme des Gewissens

---

[15] Ich zitiere aus dem „Wörterbuch der Philosophie", verfasst von Franz Austeda, herausgegeben im Gebrüder Weiß Verlag, Lebendiges Wissens, 1962, S. 91.
[16] Den Begriff „Dressur" in diesem Kontext führte Ludwig Wittgenstein in die Sprache der Philosophie ein. (L. Wittgenstein „Philosophische Untersuchungen", Suhrkamp Verlag, Frankfurt am Main, 2001)

spricht, so war Sokrates überzeugt, zu allen Mensch gleich. Manche müsse man nur dafür sensibilisieren. Genau das war sein Ziel. Leider war er dabei nicht immer erfolgreich, wie es sich schon zu seinen Lebzeiten herausstellte[17]. Sokrates schien zu glauben[18], dass sich ethisches Verhalten lernen oder besser gesagt, in einem Menschen erwecken lässt. Flüstert doch in jedes Ohr dasselbe Gewissen, bei manchen nur eben sehr leise. Hinsichtlich seines ethischen Intellektualismus war er ein großer Optimist. Kann man heute immer noch so denken, wie er dachte? Als „privater" Mensch kann man alles, als Philosoph eher nicht. Nicht nur an der universalen Sprache des Gewissens, sondern auch an der universalen Sprache der Vernunft wird heute in der Philosophie gezweifelt.

Also kann mit der Stimme des „Daimonion" etwas nicht stimmen. Und bereits in der Antike gab es dazu die Wahl zwischen zahlreichen ethischen und religiösen Systemen. Andererseits: Man konnte sich einen neuen, unverbrauchten "Daimonion" doch nicht wie auf Bestellung schicken lassen, wenn man sich plötzlich von der Askese zum Hedonismus bekennen wollte!

Was uns heutige Menschen überraschen mag: Alle philosophischen Richtungen in der Antike verbanden Moralität mit Vernunft. Im Gegensatz zu heute, wo wir das Gewissen eher mit dem Gefühl verbinden. Für Sokrates und auch Aristoteles war es die Vernunft, die uns das universale, moralische Gesetz überliefert. Ist es denn nicht so, dass unsere Vernunft hin und wieder den „Advocatus Diaboli"* spielt und uns einflüstert:

---

[17] Manche Schüler von Sokrates wurden zu politischen Verbrechern. Gerade dieser Misserfolg in der Erziehung seines engsten Kreises lässt ihn an seinen optimistischen Ansichten zweifeln.
[18] Alles, was man über die Meinungen von Sokrates behauptet, muss man in Anführungszeichen setzen. Er selbst hat nichts aufgeschrieben. Wir kennen ihn nur aus oft widersprüchlichen oder nicht ganz glaubwürdigen Überlieferungen.

„Das lohnt sich für dich!", hingegen unser Gewissen, unser „Herz" uns eindringlich mahnt: „Das ist schlecht, das ist böse!" Damit kommen wir jedoch wieder zur Frage über die Natur des Gewissens, die ich von Anfang an offen lassen wollte. Ich bleibe viel lieber bei der trivialen „Praxis".

Aristoteles formulierte als erster Philosoph die bittere Lebenserfahrung, dass es nicht reicht, einen Menschen genau darüber zu informieren, was gut oder schlecht ist, um aus ihm einen guten Menschen zu machen. Hier befand sich Aristoteles kontrovers zu Sokrates und den meisten Ethikern der Antike. Im Gegensatz zu seinen Zeitgenossen war Aristoteles aller Illusionen beraubt. Er stellte als erster in der Antike fest, dass die Menschen sehr oft wissen, was richtig ist, Und dennoch würden sie, aus welchen Gründen auch immer, alles immer wieder falsch machen.

Gewohnheitstrinker kennen die Folgen der Trunksucht sehr gut, konstatierte Aristoteles, aber sie trinken trotzdem weiter. Zwischen dem menschlichen Intellekt und seinem Willen kann also ein Konflikt der Wünsche herrschen. Er war nicht überzeugt, dass der Intellekt selber unsere Taten tatsächlich steuert und steuern kann. Der Glaube an die ethische Übermacht der Vernunft, den Aristoles forderte, war auch die feste Überzeugung von Sokrates und Platon. Ein Postulat eigentlich aller Ethiker der Antike. In die Falle dieses ethischen Intellektualismus fielen der Reihe nach ebenso die Skeptiker wie die Stoiker, die Epikureer* und die Hedonisten*. Sie verstanden ethische Empfehlungen als eine Art „Kochbuch", mit dem in der Hand man das Leben eines Menschen wie sein Gewissen als eine Art Gericht zubereiten könne. Und das „Gericht", das man solcher Art zubereiten würde, bliebe immer gleich: ein glücklicher, guter und überhaupt vollkommener Mensch.

Das ist eines der ewigen Ziele der Philosophie: einen Weg zu finden, wie man einen Menschen glücklich oder gut - und am besten beides - machen kann. Doch selbst die Annahme der Ansicht, dass es gleichzeitig möglich ist, ist nichts anderes als eine optimistische Prämisse des ethischen Intellektualismus.

Die Philosophie der Antike gab ihren begeisterten Befürwortern keine endgültige Antwort. Von den Zweifeln an der Richtigkeit unserer Wahl kann uns auch heute kein intellektuelles System befreien. Die Situation der Menschen unserer Zeit wird oft mit der Situation der römischen Bürger in der Zeit vergleichen, als der gewaltige ideologische Kampf um den menschlichen Geist zwischen den verschiedenen Kulturen der Antike und dem Christentum entflammte. Heute wie damals geht man im „Nebel der Alternativen" verloren. Viele Menschen blieben auf halbem Weg und ihrer inneren Ruhe beraubt stecken - weit entfernt von welchem Ideal auch immer. Manchen blieben als Hilfe auf ihrem Lebensweg lediglich rein egoistische Prinzipien. „So war es immer und endet nie"[19]. Wir haben dafür ein neues Wort und eine neue philosophische Richtung erfunden – den Pragmatismus. Und immer noch wissen wir nicht: „Was ist das Gewissen?"[20]

---

[19] So „philosophisch" sang Marlene Dietrich.

[20] In den neuesten Überlegungen zum Thema „Die angelernte Lebensform" im Kontext mit der wittgensteinschen Diskussion, setzt sich eine Überzeugung durch (besonders von J. Schulte repräsentiert), dass es außer der kulturellen und der konventionellen Basis der Erziehung eine allgemein menschliche Basis sein muss. Den ersten Schrei eines weinenden Kindes versteht doch jeder, ganz gleich, aus welcher Kultur er kommt. Mehr zum Thema finden Sie zum Beispiel im Buch: „Der Konflikt der Lebensformen in Wittgensteins Philosophie der Sprache", Suhrkamp Verlag, Frankfurt am Main, 1999.

Die Kombination „Ein Philosoph und ein Kind" hat eine sehr lange Tradition. Die Erziehung war schon im 5. und 4. Jahrhundert v. Chr., dem Frühling der Philosophie, eines ihrer Hauptprobleme. Sie wurde von allen diskutierten, ethischen Themen als untrennbar angesehen. Man stellte schon damals bewusst jene Fragen, die uns und die moderne Pädagogik auch heutzutage beschäftigen. Inwieweit kommt ein Mensch als reine „Tabula Rasa"[21] auf die Welt oder andererseits: Ist der Mensch vorbestimmt? Was kann man in einem Erziehungsprozess einem Kind beibringen oder muss man vielleicht etwas bereits Existentes in einem Kind nur erwecken? Was ist die Priorität des menschlichen Lebens und damit auch der Erziehung: das allgemeine Wohl oder das individuelle Glück? Sehr viele solcher Fragen könnte man noch stellen und noch mehr mögliche Antworten geben. Jede dieser Fragen bleibt immer aktuell. Kann man das „Erwünschte"[22], gleich wie man es definiert, erlernen? Und wenn man es kann, wie?

Für die frühen Ethiker war dieses Feld für Überlegungen und Experimente offen wie Brachland. Und die Besten von ihnen versuchten, genau hier ihre Kräfte zu messen.

---

[21] Latein.: Unbeschriebene Schreibtafel. Eine Idee („de anima"), die von Aristoteles ein- geführt wurde und die bedeutet, dass ein Mensch mit einer reinen, „unbeschriebenen" Vernunft auf die Welt kommt, die erst während der Erziehung „beschrieben" wird. John Locke (1632 – 1704) vertrat diese Meinung radikal.

[22] Das, was ich euphemistisch „das Erwünschte" nenne, bezeichneten die Griechen mit „Arete". Dies ist ein Grundbegriff griechischen Denkens über Ethik, der bereits im 5. Jahrhundert v. Chr. eine lange Entwicklung hinter sich hatte. Man kann ihn mit „Tauglichkeit", „Tüchtigkeit" oder „wesensgemäßer Vollkommenheit" übersetzen. Jedoch hatte jeder Ethiker, hatte jede Epoche der Geschichte für dieses Wort eine andere Definition. Die faszinierende Geschichte des Bedeutungswandels dieses Begriffs wird in mehreren deutschsprachigen Büchern diskutiert.*

Die zu jener Zeit entstandenen Grundbegriffe sind in unserem Denken über Erziehung bis heute existent. Jedoch möchte ich in diesem kurzem Artikel nicht über die Theorien sprechen, sondern über einen bestimmten Bereich aus der Praxis, der in Konfrontation mit den Überzeugungen der Sophisten wie auch mit den Ideen des Sokrates, Platon oder Aristoteles stand.

Platon war ein Schüler des Sokrates und unterrichtete später Aristoteles. Die Theorien der Vorgänger wurden an den Nachfolgern ausprobiert. Unglücklicherweise wuchsen unter dem Einfluss von Sokrates auch zwei der größten politischen Verbrecher ihrer Zeit heran: Alkibiades* und Kritias*. Platon wiederum war der Erzieher von Dionysios II., dem Jüngeren*, den er zu seiner Idee vom Idealstaat trotz vielfacher erneuter Versuche und Anläufe nicht bekehren konnte.

Und danach kam Aristoteles. Sein berühmtester Schüler, Alexander von Makedonien, war kein „unbeschriebenes Blatt", und gewiss auch nicht der Traum eines Pädagogen von einem reinen, unbelasteten Verstand. Am Hofe des makedonischen Herrschers Philip*, Alexanders* Vater, konnte man keinen „Apostel des Friedens" erziehen - auch wenn man es gewollt hätte. Das war auch nicht Aristoteles Absicht. Die Voraussetzung zu Gewalt und Herrschaft trank Alexander bereits mit der Muttermilch*. Dennoch gelang es Aristoteles während Alexanders siebenjährigen Unterrichts, in das Bewusstsein des Jünglings ganz neue Ideen einzupflanzen.

Als Aristoteles kam, war Alexander noch ein Knabe, als er ging, war Alexander bereits ein Mann mit einer ausgeprägten Persönlichkeit. Wenn man berücksichtigt, dass Alexander nur dreiunddreißig Jahre alt wurde, kann man beurteilen, welchen wichtigen Anteil davon diese sieben Jahre hatten. Dieses Viertel seines Lebens, die Zeit, in der ein junger Mensch geformt und gehärtet wird, verbrachte er mit Aristoteles. Auf Anlass des Vaters war er sogar fern vom Hof und stand um so mehr unter dem Einfluss des Philosophen. Was er zu verlieren hätte, seine Krone, wusste der Königssohn schon als Kind, was und wie er gewinnen könnte, lernte er in dieser Zeit.

Aristoteles war vierzig Jahre alt, als er nach Pella in Makedonien kam. Er schenkte Alexander seine besten Jahre, jene, in der die Erfahrung und die Weisheit des Alters vielleicht am besten mit der Energie der Jugend in Einklang zu bringen sind. So sagt man, dass ein Lehrer, der wirklich talentiert ist, von seinen Schülern fast mehr zurück erhält, als er selber gibt. Ganz sicherlich lernten der junge Königsspross und der Philosoph voneinander. Alexander hatte seine geistige Entwicklung Aristoteles zu verdanken. Durch ihn wurde er nicht nur ein Welteroberer, sondern auch zu Alexander dem Großen, dem König mit fast prophetischem Überblick, mit aufgeklärtem Verstand und revolutionierenden Ideen. Doch hat wahrscheinlich Aristoteles ihm nicht weniger zu verdanken.

In wieweit hatte das, was Alexander später tat, seine Wurzeln in den Gesprächen mit dem großen Philosophen? Aristoteles erzog einen König, der sich später nach persischen und ägyptischen Sitten zum Gott erklärte, etwas was den griechischen Traditionen völlig fremd war. Und zugleich erzog er einen König, der die Grenzen der griechischen Tradition überschritt. Mit Alexander begann eine Reihe von Herrschern, deren Macht sakrale Formen annahm. Er erzog einen aufgeklärten Tyrannen. Ein wesentlicher Punkt seiner Gedanken, der sich in seiner Lehre herauskristallisierte, war allerdings, dass der Bürger das Recht habe, dem König den Gehorsam zu verweigern, wenn dieser sich dem Recht der Natur und damit der Gerechtigkeit entgegenstelle.

Die imposante Philosophie der Politik, die Aristoteles ausarbeitete, lässt sich nicht im schmalen Rahmen dieses Textes fassen. Ich möchte daher nur jene Punkte erwähnen, die Grundlage meiner Frage sind.

Aristoteles versuchte, eine Konzeption des Rechts im Staat und des Rechts der Natur zu erarbeiten und beide als moralische Einheit zu verbinden. Und damit musste er folgerichtig auf die Frage stoßen, die für die Erziehung und besonders für die Erziehung eines Politikers von Bedeutung ist: Wie soll man vorgehen, wenn das staatliche Gesetz mit unserem Inneren - oder anders gesagt - mit dem Gesetz der Natur nicht übereinstimmt?

Sokrates Antwort auf diese Frage war konkret, aber wenig fortschrittlich. Er bewies mit seinem Leben, dass man seinen inneren Überzeugungen, seinem Sinn für Gerechtigkeit treu bleiben muss. Dem Recht des Staates allerdings solle man sich nicht widersetzen. Käme es zum Konflikt der beiden, müsste man ehrenhaft sterben.

Bereits Platon erkannte diese Antwort als im wahrsten Sinne des Wortes einmalig und suchte eine andere philosophische Lösung. Und er fand eine typisch sophistische. Platon behauptete, dass ein Staatsgesetz, das nicht zum Wohl aller Bürger herausgegeben würde, in Wahrheit gar kein Recht, kein Gesetz sei. Das war Folge seiner Konzeption des Idealen Staates, der durch Philosophen regiert wird. Bei dieser Staatsform würden alle Gesetze mit den Naturgesetzen übereinstimmen. Am ehesten würden die Philosophen diese natürlichen Gesetze dank ihres Einblicks in die abstrakte Welt der Ideen erkennen. Das meinte zumindest Platon, der große Idealist.

Aristoteles fällt in diesem Kontext durch seine absolute Bodenständigkeit auf. Er brachte eine gewisse Ordnung in das Chaos von Begriffen. Aristoteles zur Folge gäbe es ein universales, ungeschriebenes Gesetz: Der Mensch verfüge mit seinem Verstand über ein Instrument, um Recht von Unrecht unterscheiden zu können[23]. Das sei das Hauptgesetz des Lebens und der, der diesem treu bleibe, lebe richtig. Auch wenn es eine Nichtübereinstimmung mit den von Menschen aufgestellten Gesetzen bedeute. Man sei berechtigt, das Gesetz zu kritisieren und man sei berechtigt, es nicht zu befolgen, ja sogar, es im Namen der Naturgesetze zu bekämpfen. Aristoteles nannte diese These in seiner „Rhetorik" eine Selbstverständlichkeit.

War, in diesem Kontext gesehen, ein charismatischer Welteroberer ein „Erziehungserfolg"?

---

[23] An dieser Stelle ist anzumerken, dass Aristoteles nicht jedem Menschen Vernunft (eine vernünftige Seele) zusprach – nicht nur Sklaven, sondern auch Frauen waren hiervon ausgeschlossen.

„Fünf vor Zwölf"

Wir zitieren noch heute ihre unvergleichliche „stoische" Ruhe. Was die Stoiker postulieren und versprechen, klingt einfach zu schön, um es zum Beispiel gnadenlos als unrealistisch abzulehnen. Die ideale Welt der inneren Ruhe, die die Stoiker ihren Anhängern versprachen, war zu ihrer Zeit und ist auch heute noch eine verlockende Perspektive. Um 300 v. Chr. von Zenon gegründet, hatte die stoische Schule Anhänger bis in die Spätantike[24]. Leidenschaftliche Anhänger gibt es noch heute. (Wer sich als Christ bezeichnet, sollte jedoch vorsichtig sein, von den Stoikern zu schwärmen, denn Nächstenliebe war ihnen unbekannt.) Ist es doch erbaulich zu glauben, dass man Dank seiner Vernunft, starken Willens und erarbeiteter Tugenden innerlich ruhig und glücklich sein kann – der ganzen Armut und des Unglücks in der Welt zum Trotz. Die Stoiker lehrten, dass dies möglich sei, und sie praktizierten es angeblich auch[25]. Der stoischen Glückseligkeitslehre zur Folge sollte man durch Selbstbeherrschung und Pflichterfüllung einen Zustand erreichen können, der uns unsere innere Ruhe und unser Glück auf optimale Weise bewahrt.

Das Glück war zwar ein Ziel, aber nicht das Wichtigste. Das Wichtigste war ein tugendhaftes Leben, ein Ziel für sich. Das dabei erreichte „Glück" war nur dessen Folge. Ein Stoiker bekam es sozusagen als Bonus dazu geliefert. Man sollte nach der Tugend, nach

---

[24] In diesem Text verzichte ich auf die Trennung nach alter, mittlerer und jüngerer Stoa, was unvermeidlich eine gewisse Vereinfachung bedeutet. Wenn man sich für die stoische Philosophie interessiert, empfehle ich, zum Beispiel das Buch von Wolfgang Weinkauf: „Die Philosophie der Stoa. (Reclam Verlag, Ditzingen, 2001)
[25] Die Legende überliefert, dass dem Gründer des Stoizismus ein Denkmal dafür aufgestellt wurde, dass er konsequent für die Einhaltung von Lehre und Tat eintrat: Denn Zenon beging als alter Mann Selbstmord, so wie es die Stoiker den unheilbar Kranken im Alter empfahlen.

dem Guten streben. Dieser feine Unterschied war für die Stoiker sehr wichtig. Man konnte sich in die „stoische Ruhe" nicht über die Hintertreppe einschleichen. Denn bei den Stoikern zählte bei der moralischen Bewertung der Handlung an erster Stelle immer die Gesinnung, nicht die erreichten Resultate. Was entscheidet über den ethischen Wert einer Tat: die gute Absicht oder die vielleicht schlechten, wenn auch nicht beabsichtigten Konsequenzen daraus? Dies war die Frage, die Ethiker und Theologen lange nach den Stoikern sehr beschäftigte. Das hat mit der metaphysischen Weltvorstellung der Stoiker zu tun: Sie waren Pantheisten. Sie glaubten an eine „Weltseele" oder „Weltvernunft", die der Natur innewohnt ist. Auch die menschliche Vernunft ist ein Teil dieser „Weltvernunft"[26]. Alles in der Welt ist also von der Vernunft gesteuert und bestimmt. Auf das „Los" hat das Individuum keinen Einfluss. Unser „freier Wille", an den man so gerne glauben mag, war bei den Stoikern gar nicht so frei.

Dies ist ein Gedanke, der in der Geschichte der Menschheit immer wieder vorkommt. Die Inder sagen dazu Karma, die Araber Kismet und wir Europäer nennen es das Schicksal, Vorbestimmung oder Prädestination. Ist nun unser Wille ganz frei oder nicht? Wegen dieser scheinbar abstrakten Frage wurde im Namen der Rechtgläubigkeit sogar Blut vergossen. Auch der Heilige Augustinus verließ an diesem Punkt die Bahn der Orthodoxie, ohne es zu merken[27]. Die Reformation steckte die Flamme der alten Idee der Vorbestimmung wieder in Brand.

Damit betrifft bereits diese so kurze Zusammenfassung der stoischen Lehre – neben der der Gesin-

---

[26] Sie entwickelten diese Theorie auf sehr eigenwillige Weise. Es gab zum Beispiel die „Vernunftkeime", wie ich sie mir bildlich in der Hand des Sämanns auf dem Titel dieses Buches vorstelle.
[27] In seiner kontroversen Gnadenlehre.

nungsproblematik und des Themas des freien Willens – wieder eines der wichtigsten Probleme der Ethik.

Die Stoiker entschieden sich in diesem Punkt für eine Kompromisslösung. Sie waren überzeugt, dass der Mensch keinen Einfluss auf das hat, was ihm das Schicksal beschert, und auf die Fallen, die ihm das Schicksal stellt. Einfluss hat er jedoch auf das, was er aus diesem, des auf ihn zugekommenen Schicksals, macht, und wie er sich dazu einstellt. Ruhig und tapfer, zugleich positiv und aktiv solle man sich auf sein Schicksal einstellen. Alles Negative, was uns geschieht, sollen wir mit erhabener Ruhe betrachten, jedoch gleichzeitig alles Mögliche in Bewegung setzen, um dem Negativen eine positive Richtung zu geben. Und das nicht nur im eigenen, privaten Leben, sondern auch in allen Bereichen des öffentlichen Lebens.

Man stelle sich also den Stoiker etwa wie einen dieser echten englischen Gentlemen vor, die immer die „goldene Mitte" beherrschen. Gleich wie man sich ihn auch vorstellt: Eine Voraussetzung muss er stets erfüllen – er muss „stoisch" sein. Genauso wie ein Musiker zumindest musikalisch sein und ein Diplomat diplomatisch sein sollte. So zu denken, scheint eine logische Konsequenz der Struktur unserer Sprache zu sein.

Muss jedoch ein Moralist moralisch sein, um seinen „Job als Moralist" gut erfüllen zu können, oder ein Ethiker ethisch sein? Wir erwarten heutzutage von unseren Autoritäten eine gewisse Konsequenz zwischen ihrer Aussage und ihrer Handlung[28]. Es wird heute viel über den Verfall der moralischen Werte gesprochen und die überall herrschende Doppelmoral wird heftig kritisiert. Sogar jungen Menschen rutscht

---

[28] Die Clinton/Lewinsky-Story in den USA ist ein Beispiel für diese Erwartungshaltung. Die Lebensgeschichte des Jacques Chirac in Frankreich mag Beweis dafür sein, dass viele vieles hinnehmen.

der nostalgische Spruch raus: „Damals war die Welt noch in Ordnung". Man sehnt sich nach dieser Zeit, als die Jugend noch gehorsam war, Freunden treu blieb und sogar die Politiker vielleicht nicht so ganz ...

Allerdings sprachen schon die Römer von „alten, römischen Tugenden", wobei sie an die Zeit der Republik dachten. Wann also genau herrschten diese „alten Zeiten"? Wer waren diese Menschen, die den Werten, die heute leider fast ausgestorben sind, treu blieben? Waren das eventuell ausgerechnet die Stoiker?

Ich möchte Ihnen Seneca vorstellen. Die Literatur zum Thema „Moral" ist voll seiner Zitate, die wegen ihrer lakonischen, kristallklaren Weisheit geschätzt werden. Man findet ihn in jedem Lexikon, jedoch steht in den Lexika nicht alles über ihn. Wir wissen über Seneca viel mehr, als er selber über sich gesagt hat. Er ist in den Überlieferungen wie ein Insekt im Bernstein konserviert - mit allen positiven wie negativen Eigenschaften, beunruhigend zweideutig, was heute noch viel zu denken gibt.

Seine Laufbahn in Rom wurde jäh durch die Anklage des Ehebruchs mit Julia Livilla, der Schwester des Caligula, unterbrochen. Messalina, die bekannteste Ehebrecherin der Antike, mag als Klägerin zwar etwas seltsam anmuten, jedoch schien die Anklage dieses Mal nicht ganz unglaubwürdig. Seneca war bereit, für seine Karriere alles zu tun. Und Liebschaften waren zu seiner Zeit ein wichtiger Teil des politischen Spiels. Seneca wurde nach Korsika verbannt. Auch jede noch so erniedrigende oder liebenswürdige Schmeichelei an Cäsar Claudius, die er ihm fleißig per Brief sandte, konnte ihn nicht aus der Verbannung befreien. Claudius wollte ihn schlichtweg nicht zurück haben.

Später rächte er sich an Claudius auf die für einen Schriftsteller typische Weise mittels einer Schmähschrift, die den gescheiterten, römischen Cäsaren für alle Ewigkeit als einen Trottel brandmarkte. Erst eine weitere weibliche, dazu unmoralische Figur holt Seneca aus der Verbannung in Korsika: Agrippina*, die Mutter des Nero. Sie traf damit keine zufällige Wahl für ihren Sohn. Sie wollte ihn von Seneca in allen auf dem Hof des Cäsar gebräuchlichen Tugenden unterrichten lassen. Seneca nutzte seine Chance. Innerhalb von ein paar Jahren erwarb er mit allen möglichen - darunter auch vielen unmoralischen - Mitteln ein Vermögen im gigantischen Wert von 300 Millionen Sesterzen. Er besaß im gesamten römischen Imperium derart viele Landgüter, dass er sie sich gar nicht alle merken konnte. Angeblich sollte das Vermögen aus Geldwucher mit räuberischen Prozenten stammen und aus der Jagd auf Erbschaften von Menschen, die keine Nachkommen besaßen.

Leidenschaftlich sammelte er luxuriöse Wertgegenstände wie zum Beispiel einen für jeden Stoiker so „lebensnotwendigen" Gegenstand, einen Tisch aus Zedernholz mit Elfenbeinfüßen! Gleichzeitig jedoch schrieb er so leidenschaftliche Texte, die das einfache Leben lobten und die er mit seinem eigenen, bescheidenen Leben illustrierte. Er äußerte, dass nicht der arm sei, der wenig habe, sondern der, der immer mehr begehren würde. Wenn man das so sehen mag, war er wirklich ein armer Teufel …

Zusammen mit Burrus regierte er - zugegebenermaßen ganz gut - das Imperium. Geschickt nährte er Neros Anbetung ihm gegenüber, was ihm jedoch Verderben bringen sollte. Von einer Erziehung, Weitergabe von Weisheit oder „geistiger Nahrung" wie etwa bei Aristoteles und Alexander kann hier nicht die Rede sein. Der Tod von Neros Stiefbruder Britannicus wirft auf die Art von Senecas Erziehung ein scharfes Licht.

Britannicus musste - vergiftet - sterben, um für Nero Platz auf dem Thron zu machen. Später starb auch Agrippina eines unnatürlichen Todes. Bald jedoch stand Seneca, der derart behilfliche Lehrer, auf dem Weg zur Macht selber im Wege.

Er versuchte sich noch zu retten, indem er eine Verschwörung anzettelte, die er selber anführte. Aber was eine Verschwörung ist, musste man Nero nicht erst erklären, die Lektion hatte er gut gelernt. Nach der Niederschlagung der Verschwörung, zwang er Seneca zur Selbsttötung. In den Augen der Geschichte stilisierte ihn Nero dadurch zum Märtyrer. Nichts ist so keusch wie das römische Schwert! Gab es doch nichts Besseres als die alten, guten römischen Tugenden und die goldmundigen Philosophen der damaligen Zeit, die bereit waren, für ihre Überzeugungen zu sterben.

Die Realität widerspricht oft der Legende, und die Praxis widerlegt die schönsten Theorien. Dabei geht jedoch deren anziehende Kraft nicht verloren. Vielleicht müssen gute Ethiker überhaupt nicht ethisch sein, genau so wie manche guten Maler gar nicht malerisch aussehen und gute Verkäufer selber nicht verkäuflich sein dürfen. Und verdanken wir die „gute, alte Zeit" nicht nur einem schlechten Gedächtnis?

Augustinus Aurelius'* Mutter, die später heilig gesprochene Monika*, war eine einfache Frau und gläubige Christin. Sie hatte guten Grund zur Sorge. Ihr schnell empfindlicher, jedoch talentierte Sohn lebte nicht nur seit Jahren in einer nicht ehelichen Beziehung mit einer Sklavin, mit der er einen Sohn hatte. Zudem verachtete er auch noch die Religion seiner Mutter als einen sich selber widersprechenden Kult, der nur gut für hysterische Weiber und Trottel sei. Augustinus wurde Manichäer und wollte nichts davon hören, Christ zu werden. Monikas aufbrausender und untreuer Mann, der mit Augustinus seine eigenen Ambitionen verband, war ihr bei ihren mütterlichen Sorgen keine Hilfe. Welche Frau wäre da schon zufrieden?

Eine schwache Persönlichkeit hätte unter so viel Last und Sorgen schon zerbrechen oder aufgeben können, jedoch schwach war Augustinus Mutter keineswegs. Sie kam aus Numidien*. Über ihre sonstige Herkunft ist nichts Gesichertes bekannt. Als sie im Jahr 354 v. Chr. Augustinus gebar, war sie ungefähr siebzehn. Während ihrer Ehe mit Augustinus Vater kamen noch ein Sohn und eine Tochter zur Welt. Man weiß nicht, ob sie jünger oder älter als Augustinus waren. Er war auf jeden Fall kein Einzelkind. Es wäre interessant zu wissen, ob sie den anderen Kindern dieselbe Aufmerksamkeit und Ehrgeiz widmete wie Augustinus, „dem schwarzen Schaf" der christlichen Mutter. In Tagaste war sie eine junge Frau, voller Hoffnung in einer nicht besonders glücklichen Ehe. Wir wissen über sie, dass sie eine emotionale, ihre Gefühle intensiv ausdrückende und lebhafte Frau war. Und sie konnte durchaus auch laut werden. Augustinus gibt das andeutungsweise in seinen „Bekenntnissen"[29] zu verstehen. Vielleicht ist es ihm auch nur einfach so

---

[29] Aurelius Augustinus, „Bekenntnisse", Reclam Verlag, Ditzingen, 1989

herausgerutscht. Wie auch immer: Hier erfahren wir, dass das Zusammenleben mit ihr nicht einfach war. Sie war ein schwieriger Mensch, der nicht nachgeben konnte. Sie glaubte an Träume und Visionen - eine zu jener Zeit typische Mentalität einer Frau aus der Provinz, die im christlichen Glauben aufwuchs. Alle ihre Ambitionen verband sie mit dem Christentum und mit den Kindern. Allerdings war auch Augustinus nicht einfach, sondern egozentrisch und hochmütig. Und wahrscheinlich hatte er die Unruhe der Mutter geerbt. Der Vater starb, als Augustinus siebzehn war und hinterließ seine Frau und die Kinder allein mit allen weltlichen wie auch geistigen Sorgen. Noch auf dem Sterbebett bekannte er sich zum Christentum. Beim Vater hatte sie es also erreicht. Je mehr die Mutter jedoch versuchte, auch Augustinus vom Glauben zu überzeugen, und je mehr sie dafür betete, um so weiter entfernte sich der Sohn davon. Sie ging mit ihrem Sohn zur Messe in die Basilika - der jedoch schaute eher den Mädchen nach als zum Altar. Alle ihre Bemühungen schienen die entgegengesetzte Wirkung zu erreichen. Das Christentum verband sich für Augustinus mit etwas Weiblichem, Weichen, nicht Rationalem. Und rational, logisch war er. Nur über die Argumentation führte ein Weg zu seiner Seele. (Philosophie war für ihn - wie er später bekräftigte - der Weg zu Gott.) Gut argumentieren konnte Monika nun gerade nicht. Monikas Glaube war einfach, und sie konnte dem raffinierten Verstand ihres Sohnes nicht die Stirn bieten. Gerade Schlichtheit war nicht Augustinus' Sache.

Viel hatte die Familie in die Erziehung dieses Sohnes investiert. So viele Hoffnungen waren mit ihm verbunden. Seine Ausbildung zum Juristen schien allerdings seine Seele eher zu schädigen. So zumindest sah das seine christliche Mutter. Augustinus Gelehrsamkeit ließ ihn darüber hinaus Menschen verachtend werden. Und seine Beredsamkeit machte eine Diskussion mit ihm unmöglich. Seine intellektuelle Wachsamkeit ließ ihn unruhig werden und trieb ihn in die Arme von Sektierern; und sein Temperament ... Er suchte sich andere Arme, die ihn umarmen sollten. Er war achtzehn, als sein außerehelicher Sohn auf die Welt kam. Mit der Mutter seines Sohnes lebte er fast weitere fünfzehn Jahre zusammen. Er war nicht nur selber Manichäer, sondern bekehrte auch Freunde dazu. Die Mutter stand daneben und litt. Sie hoffte auf ein Wunder, nicht ohne diesem Wunder auf die Sprünge zu helfen. Oh nein, sie gab nicht nach und eilte zu zahlreichen Priestern und Bischöfen, um mit diesen über ihren Sohn zu sprechen. Sie folgte ihm, wohin er auch reiste. Er reiste nach Rom, sie hinter ihm her. Er reiste nach Mailand, und sie war auch dort. Man kann gut nachvollziehen, dass dieses mütterliche Kuratel nicht nur positive Gefühle in dem jungen Mann weckte. Zumal die Mutter schon ihre eigenen Pläne für ihn hatte. Kein junger Mensch wäre darüber glücklich.

Auch wenn er sich nicht kurzfristig zum Christentum überzeugen lassen wollte - was Monika nur als einen vorübergehenden Zustand betrachtete - dann sollte er wenigstens standesgemäß heiraten und Karriere machen! Und darum musste er als erstes diese Konkubine los werden. Hier übte Monika ihren ganzen mütterlichen Druck aus und appellierte auch an die weniger christlichen Elemente ihres Sohnes - an seinen Stolz und seine Ambitionen. Und tatsächlich schickte Augustinus die Liebe seiner jungen Jahre fort. Er verlobte sich mit einer jungen Erbin und - um die Zeit bis zu seiner Hochzeit abzukürzen - nahm sich eine Liebhaberin.

Ist es nicht die typische Geschichte einer starken Mutter und eines ebenso starken Sohnes? Eine Verbindung, die mit der Zeit sehr unterschiedliche Formen annimmt, jedoch immer sehr intensiv und emotional belastend bleibt. In diese klassische Beziehung mischt sich nun die Geschichte ein - die Geschichte des Christentums. Später, als Christ, glaubt Augustinus zutiefst an die Intervention durch Gott selber - die Illumination. Den Glauben an die eingreifende Hand Gottes, der seinen verlorenen Sohn zum Christentum führte[30], teilte seine Mutter mit ihm.

Es ist sehr erstaunlich, welch großen Einfluss diese einfache Frau auf einen der später bedeutendsten Theologen des Katholizismus ausübte. Augustinus wurde die herausragendste Persönlichkeit seiner Zeit und eine fundamentale Gestalt in der Geschichte der Philosophie. Er wurde heilig gesprochen und gilt als vielleicht der wichtigste der abendländischen (lateinischen) Kirchenväter*. Trotzdem der Bischof von Mailand, einer der wenigen zu jener Zeit, die Augustinus geistig gleichrangig waren, den intellektuellen Part übernahm, war und blieb die Mutter die Antriebskraft.

Ein polnische Sprichwort (das allerdings nicht gerade frauenfreundlich ist) meint: „Wo der Teufel selbst keinen Weg findet, da schickt er ein Weib." Das Beispiel von Augustinus' Mutter, der Heiligen Monika, mag zeigen, dass nicht nur der Teufel diese Dienste zu schätzen weiß.

---

[30] Dieser bei der Mutter so unproblematische Glaube wurde in der Theologie ihres Sohnes zu einem der kontroversesten Punkte – die Gnadenlehre. Augustinus' Gnadenlehre, die in einer starken Verbindung mit der Prädestinationslehre steht, balanciert auf des Messers Schneide zur Christlichen Rechtgläubigkeit.

Worterklärungen

Advocatus diaboli	Anwalt des Teufels
Allegorie	Sinnbild, bildl. Darst. mit. festgelegter Bedeutung
Ambivalenz	Doppeldeutigkeit, Zwiespältigkeit
Antithese...............	Gegenbehauptung, Gegensatz
Cäsar	Römischer Kaiser, Beiname („Cäsar Augustus")
"cogito, ergo sum"	Ein Satz von Descartes: „Ich denke, also bin ich."
Daimonion	warnende innere Stimme (der Gottheit), Gewissen
Defätismus	Schwarzseherei, Resignation
Demagoge	durch Reden die Masse beeinflussender Volksführer, im negat. Sinn „Volksverführer"
Dialektik	Denken in gegensätzlichen Begriffen, die Fähigkeit, in Rede u. Gegenrede zu überzeugen
Eloquenz	Beredsamkeit
Epikureer	Anhänger der Lehre des Epikur (griech. Philosoph)
Ethik	Lehre (Wissenschaft) vom sittlichen guten Wollen und Handeln
Hedonismus	Glückseligkeitslehre mit „Lust" als Hauptbegriff
„Homo Sovjeticus"	„Sowjetischer Mensch" – Begriff zur Beschreibung der neuen Mentalität des Menschen im sowjetischen System
Induktion	der logische Schluss vom Besonderen ins Allgemeine
Klausel	Vorbehalt, Schlusssatz (Gesetzesformel)
Kirchenväter	L.: patres ecclesiae, kirchlicher Ehrentitel
Konsens	Übereinstimmung
Kroton	griech. Kolonie in Unteritalien, Zentrum der Pythagoräer
Kyniker	griechische Philosophenschule
Logik	Lehre von den Gesetzen des Denkens, Bildung von Begriffen und Urteilen
Mäeutik	„Hebammenkunst", Methode des geschickten Hinterfragens, sokrat. Art des Diskutierens
Manichäer	Anhänger des Religionsführer Mani (3. Jh. n. Chr.)
Megariker	Schüler d. Philosophen Euklid v. Megara
Mesalliance	nicht standesgemäße Ehe
Metaphysik	philos. Lehre von dem, was über die sinnliche Natur hinausgeht, Transzen-

	denzphilosophie
Milet	altgriech. Stadt im westlichen Kleinasien
Numidien	Staat im Nord. Afrikas, heute Ostalgerien
Ontologie	Lehre vom Sein (dem Seienden als Sol-
	chem)
Pantheismus	philos. Ansicht, dass Gott u. d. Welt eins
	seien
Paradox(on)	(scheinbar) widersinnige Behauptung,
	Redefigur
Peloponesischer	431 – 404 v. Chr. zwischen dem pelopo-
Krieg	nesischen und attischen Seebund
Polis	altgriechischer Stadtstaat (z.B. Athen)
Postulat	noch unbewiesene, glaubhafte These
Pragmatismus	philos. Richtung des 19. u. 20. Jahrh., die
	als Prinzip die Anwendbarkeit fordert
Public Relations	Öffentlichkeitsarbeit (Begriff aus der
	Werbung)
Rationalismus	philos. Richtung, die die Vernunft als die
	einzige Erkenntnisquelle anerkennt
Realismus	(philos.) Anerkennung einer vom Be-
	wusstsein unabhängigen Realität
Relativismus	In der Ethik die Überzeugung, dass (durch
	die Umstände bedingt) „gut“ und „böse“
	relative Begriffe sind.
Rhetorik	Wissenschaft von der Gestaltung des
	Redens
Sesterzen	lat.: sestertius, silberne römische Münze
Skeptizismus	1. griech., philos. Schule, 2. Zweifel an
	der Möglichkeit der Erkenntnis
Sophist	Lehrer der Redekunst, negativ „Wortver-
	dreher“
Stoa	griech., philosophische Schule
Super-Ego	Das „disziplinierende“ Element der
	menschlichen Persönlichkeit bei Freud: *id,*
	ego, super-ego
Symbol	Zeichen (Bild, Gleichnis), das Unsichtba-
	res darstellt
tabula rasa	(lat.) „reine Tafel“, unbelastete Seele
Tagaste	Geburtsort des Heiligen Augustinus
Transzendenz	Das Jenseits, absolute über alles Endliche
	hinausgehende Wirklichkeit
Tyrann	Gewaltherrscher

Personenregister

Agrippina....................	A. die Jüngere, Gemahlin des Kaiser Claudius
Alexander der Große.....	Sohn Philipps II. von Makedonien, Feldherr u. König eines Weltreichs, Schüler des Aristoteles
Alkibiades	Staatsmann u. Feldherr aus Athen, verantwortlich für eine der größten militärischen Niederlagen Athens, Schüler des Sokrates, floh als Verräter erst nach Sparta, von da nach Persien
Anthisthenses	Gründer der kynischen Philosophenschule in Athen
Aristippos	Gründer der kyrenaischen Schule in Kyrene
Aristophanes	Bedeutender Vertreter der attischen Komödie
Aristoteles	griech. Philosoph, Schüler Platons, Erzieher von Alexander d. Gr.
Augustinus, der Heilige	Der bedeutendste der westchristlichen Kirchenväter. Werke: „Confessiones", „De civitate die"
Britannicus	Sohn des Claudius und der Messalina
Burrus	Präfekt in Rom
Caligula	röm. Kaiser, Sohn des Germanicus u. Agrippina d. Ä.
Demokrit von Abdera	griechischer Naturphilosoph
Descartes	franz. Philosoph u. Mathematiker (1596 – 1650)
Empedokles	griechischer Philosoph, Arzt u. Wanderprediger
Engels, Friedrich	deutscher Philosoph und Politiker, Mitbegründer des Marxismus
Epikur	griech. Philosoph, Gründer des Epikureismus
Euklid von Megara	griech. Philosoph, Gründer der megarischen Schule
Euripides....................	jüngster der drei großen Tragiker Athens
Fourier, Charles	französischer Sozialphilosoph (1772 – 1837)
Freud, Sigmund	österr. Arzt, Begründer der Psychoanalyse
Gorgias von Leontinoi ...	griech. Sophist u. Rhetoriker, Gesandter in Athen
Heraklit	griech. Philosoph, Lehre vom Strom d. Entstehens
Herodot	griechischer Geschichtsschreiber

Hobbes, Thomas	englischer Philosoph (1588 – 1679)
Huxley, Aldous	englischer Schriftsteller (1894 – 1963)
Julia Liwilla	Schwester des Caligula, der zum Zeitpunkt des Textes verstorben war
Kant, Immanuel	Philosoph (1724 – 1804), Professor für Logik u. Metaphysik in Königsberg
Kritias	Politiker in Athen, Philosoph u. Dichter, Führer der von Sparta eingesetzten Regierung der sog. „30 Tyrannen"
Lyotard, Jean-François ..	franz. Philosoph, *1924, schuf den Begriff „Postmoderne"
Le Corbusier..................	Franz. Schweizer Architekt (1887 – 1965), erfand neue Formen des Stahlbetonbaus
Marx, Karl	Philosoph und Nationalökonom (1818 – 1883)
Megara	Stadt in Mittelgriechenland, Zentrum der Dorer
Messalina, Valeria	röm. Kaiserin, 3. Frau des röm. Kaisers Claudius
Morus, Thomas	(Sir Thomas More) engl. Staatsmann u. Humanist, (1478 – 1535), Hauptwerk „Utopia" (ersch. 1516)
Nero	Adoptivsohn d. Kaisers Claudius, römischer Kaiser
Niemeyer	Architekt der neuen Hauptst. Brasiliens, „Brasilia"
North Whitehead, Alfred	britischer Philosoph u. Professor der Mathematik
Olympias	Mutter von Alexander dem Großen
Orwell, George	(Pseudonym f. Eric Arthur Blair) Schriftsteller (1903 – 1950), warnte vor totalitären Denkformen
Perikles	Staatsmann in Athen, bedeutender Redner
Philipp II.	Gründer der Großmacht Makedonien, Vater von Alexander dem Großen
Platon	griech. Philosoph, Schöpfer d. philos. Ideenlehre
Protagoras	Wanderlehrer und bedeutender Sophist
Pythagoras	Wissenschaftler u. griechischer Philosoph, Leiter der pythagoreischen Schule (Pythagoräer)
Rousseau, Jean-Jacqu. .	franz.-schweiz. Philosoph u. Schriftst. (1712 – 1778)
Saint-Simon, C. H. De ...	französischer Sozialtheoretiker (1760 – 1825)
Seneca	röm. Dichter u. philosophischer Schriftsteller, Erzieher u. Berater des Kaiser

Nero

Sokrates .... griech. Philosoph, wegen Einführung neuer Götter u. „Verführung der Jugend" zum Tod durch Schierlingsgift verurteilt

Thales von Milet .... Mathematiker und griech. Philosoph (Thaleskreis)

Wittgenstein, Ludwig .... österr. Philosoph, Logiker (1889 – 1951), Schöpfer der „linguistic turn" in der Philosophie

Zamjatin, E.I. .... russ. Schriftsteller (1884 – 1937), der vor der Unmenschlichkeit des sowjetischen Systems warnte

Literaturhinweise:

1. Aristoteles, „Nikomachische Ethik", Reclam Verlag, 1986

2. Augustinus, Aurelius, „Bekenntnisse", Reclam Verlag, 1989

3. Austeda, Franz, „Wörterbuch der Philosophie", Gebrüder Weiß Verlag, 1962

4. Büchmann, Georg, „Geflügelte Worte", Droemer Knaur, München, 2003 (diverse Ausgaben)

5. Demokrit, „Fragmente zur Ethik", Reclam Verlag, 1996

6. „Das Große Lexikon der Weltgeschichte", Xenox Verlagsgesellschaft, Hamburg, 1992

7. „Der Konflikt der Lebensformen in Wittgensteins Philosophie der Sprache", Suhrkamp Verlag, Frankfurt am Main, 1999

8. Epikur, „Philosophie der Freude", Insel Verlag, Frankfurt am Main, 2002

9. Habermas, Jürgen , „Kommunikatives Handeln und detranszendentalisierte Vernunft", Reclam Verlag, 2001

10. Härle, Wilfried und Wagner, Harald, „Theologenlexikon. Von den Kirchenvätern bis zur Gegenwart", Verlag C. H. Beck, München, 1994

11. Hobbes, Thomas, „Leviathan", Reclam Verlag, 1986

12. Hossenfelder, Malte, „Antike Glückslehren", Alfred Kröner Verlag, Stuttgart ,1996

13. Huxley, Aldous, „Schöne neue Welt", (Fischer Tb. 2660), Fischer Verlag Frankfurt am Main, 2004

14. Kant, Immanuel, „Der Streit der Fakultäten", Bd. 7, Werke in 10 Bdn., hrsg. v. W. Weischedel, Walter de Gruyter Verlag, Berlin, 1998

15. Krämer, Hans, J., „Arete bei Platon und Aristoteles. Zum Wesen und zur Geschichte der platonischen Ontologie", Winter Verlag, 1959

16. Lang, Rudolf Walter, „Zeiten und Menschen im Spiegel der Anekdote", Südwest Verlag, München, 1968

17. Lyotard, Jean-François, „Der Widerstreit", Wilhelm Fink Verlag, München,1989

18. Martens, Ekkehard, „Sokrates", Reclam Verlag, 2004

19. Marx, Karl, „Das Kapital", GLB Parkland Verlag, Köln, 2000

20. Morus, Thomas, „Utopia", Reclam Verlag, o.J.

21. Platon , „Der Staat", Reclam Verlag, o.J.

22. Platon, Übers. v. Friedrich Schleiermacher, „Sämtliche Werke, Bd.2: Lysis, Symposion, Phaidon, Kleitophon, Politeia, Phaidros", Rowohlt Verlag, Reinbek,1994

23. Samjatin, Jewgenij, „Wir", KiWi TB.49, Verlag Kiepenheuer & Witsch, Köln, 1984

24. Schirren, Thomas, Zinsmaier, Thomas, „Die Sophisten", Reclam Verlag, 2003

25. Schulte, Joachim, „Wittgenstein. Eine Einführung", Reclam Verlag, Stuttgart, 1989

26. Seneca, „Briefe an Lucilius über Ethik", Reclam Verlag, 2000

27. Vattimo, Gianni, „Das Ende der Moderne", Reclam Verlag, 1990

28. Weinkauf, Wolfgang, „Die Philosophie der Stoa", Reclam Verlag, 2001

29. Welsch, Wolfgang, „Vernunft. Die zeitgenössische Vernunftkritik und das Konzept der transversalen Vernunft", Suhrkamp Verlag, Frankfurt am Main, 1996

30. Whitehead, Alfred North, „Prozess und Realität", Suhrkamp Verlag, Frankfurt am Main, 1987

31. Wittgenstein, Ludwig, „Philosophische Untersuchungen", Suhrkamp Verlag, Frankfurt am Main, 2001

Reclam Verlag: Stuttgart, bzw. Ditzingen

Alle Rechte für Text und Illustrationen
© 2004 Dr. M. Willems-Pisarek

Alle Rechte für diese Ausgabe
© 2004 URSUS Verlag
Jochstr.8 • 87541 Bad Hindelang
Tel. + Fax 08324 – 95 32 84
Email: thniehoerster@t-online.de

www.ursusverlag.de

Titelbild und Federzeichnungen im Text:
Dr. Magdalena Willems-Pisarek

Druck:
W. Niederland Verlagsservice
61462 Königstein/Ts.

ISBN 3-9809460-1-0

Sagenhafte Märchen
von Allgäuer Autoren für Erwachsene
mit sechs farbigen Illustrationen im Text

SAGENHAFTE
MÄRCHEN
von Allgäuer Autoren für Erwachsene

URSUS VERLAG

Nicht nur Kinder brauchen Märchen!

27 Autorinnen und Autoren, die alle im Allgäu leben, haben für dieses Buch 37 neue Märchen aufgeschrieben, die erstmals in dieser Sammlung veröffentlicht werden.

Könige und Königinnen, Prinzen und Prinzessinnen kommen darin genauso vor wie Zwerge und Berge, Riesen und Wölfe, Meteoriten, Füchse und Raben.

Nicht alle sind Kinder- und Hausmärchen – das eine oder andere hat sogar einen leicht erotischen Touch – dennoch lassen sich die meisten Märchen auch gut in abendlicher Runde vorlesen!

Die Autorinnen und Autoren: Gerhard Bunk, Cornelia Besler, Annemarie Dalfior, Eva-Maria Dörr-Schratt, Anneliese Dürr, Heinrich Gehrle, Horst Gerhold, Reinhard Glassl, Helga Greier, Thekla Hafner, Franziska Hefele, Martin Hehl, Roswitha Hofmann, Christine Ihl, Günther Kraus, Marie-Luise Kreisz-Geißler, Siegfried Kyek, Pius Lotter, Annemarie Maidel, Cornelia Ney, Thomas Niehörster, Stefan Nowicki, Eva Ruch, Josef Schmid, Helmut Vetter, Jochen Wehrmann, Magdalena Willems-Pisarek
Mit Illustrationen von: Kilian Lipp, Annemarie Maidel, Susanne Praetorius, Romy Schuh, Hildegard Simon, Magdalena Willems-Pisarek

Sagenhafte Märchen
Märchen von Allgäuer Autoren für Erwachsene
Mit 6 Illustrationen im Text, 192 Seiten, € 9,90
ISBN3-9809460-0-2

URSUS Verlag • Jochstraße 8 • 87541 Bad Hindelang
Tel.: 08324 – 95 32 84 • thniehoerster@t-online.de •
www.ursusverlag.de